Python版
コンピュータ科学と
プログラミング入門

コンピュータとアルゴリズムの基礎

著者：小高 知宏

近代科学社 Digital

はじめに

　本書は，先に刊行された『コンピュータ科学とプログラミング入門』の Python 版です。既刊の『コンピュータ科学とプログラミング入門』は，工学系基礎教育としてのコンピュータ教育およびプログラミング教育を実現するための教科書として刊行されました。そこでは，コンピュータとプログラムの理解のために，C 言語のプログラムを例にとって説明を進めました。

　本書では，既刊書のコンセプトを継承しつつ，プログラミングの例題を C 言語から Python 言語に変更しました。これは，既刊書が刊行された後，コンピュータ科学とプログラミングの世界において，Python の利用が広く浸透したことを反映したものです。

　本書では，工学系基礎教育として要求されるコンピュータ科学とプログラミングの理解を得るために，プログラミングの練習を行います。このため特定のプログラミング言語の言語教育を目的とはしておらず，一つのプログラミング言語に偏ることなく説明を進めています。結果として，既刊書と全く同じ議論展開を保持しつつ，例題プログラムを C 言語から Python に変更することが可能でした。本書の目的は既刊書と同様に，工学系基礎教育としてのコンピュータ教育およびプログラミング教育を実現することです。本書では，工学的問題の解決に対するコンピュータやプログラムの利用に抵抗感をなくし，スムーズにコンピュータを使う素養を養うことを目的としています。

　本書の実現にあたっては，著者の所属する福井大学での教育研究活動を通じて得た経験が極めて重要でした。この機会を与えてくださった福井大学の教職員と学生の皆様に感謝いたします。また，本書実現の機会を与えてくださった近代科学社の皆様にも改めて感謝いたします。最後に，執筆を支えてくれた家族（洋子，研太郎，桃子，優）にも感謝したいと思います。

2021 年 1 月　著者

旧版（C言語版）はじめに

コンピュータは，現代社会に暮らすすべての人にとって，仕事や勉強，日々の生活においてなくてはならない道具となっています。特に工学系の仕事をする人々にとっては，分野を問わず，コンピュータは基盤的な道具であり，毎日の仕事で日常的に利用するツールの一つです。例えば機械系であれば，機器の開発や設計，製造においてはコンピュータの利用が必須です。電気電子系でも同様ですし，建築土木の分野でもコンピュータ抜きでは仕事は進みません。化学や生物学の分野でも，試験管やフラスコを使った実験と同様に，コンピュータによる実験が重要視されています。そしてもちろん，情報系分野ではコンピュータそのものが仕事の対象です。

こうした中，工学系のすべての分野の学生を対象としたコンピュータ教育が重要視されています。本書は，工学系基礎教育としてのコンピュータ教育およびプログラミング教育を実現するための教科書です。本書では，工学的問題の解決に対するコンピュータやプログラムの利用に抵抗感をなくし，スムーズにコンピュータを使う素養を養うことを目的としています。

コンピュータは，単純な手続きの積み重ねで処理を実現します。この事実の理解，つまり手続き的処理の理解が本書の第一の目標です。これによりコンピュータとは何なのかが理解でき，コンピュータを道具として利用するための能力が身につきます。次に本書では，手続き的記述能力の獲得を目指します。これは平たく言えば，プログラムを書いて利用するための初歩的な能力です。具体的には，プログラム言語の基礎を学ぶと共に，シミュレーションや解析，統計処理等のためのソフトウェアツールを使いこなすための素養を養います。

本書では，プログラミングの基礎は扱いますが，特定のプログラム言語全般を深く学ぶことは目標としません。そのかわり，後で必要となった時に，どのような言語でも容易に学ぶことのできる下地を作ります。また本書では，読者の皆様がコンピュータの基本的な操作についての知識・技能は習得済みであることを仮定します。したがって本書は，Webサイトの閲覧やワープロの使い方と言った，いわゆるコンピュータリテラシー教育を主眼とするものでもありません。さらに本書は，情報処理専門教育のための書籍でもありません。ただし，工学基礎教育の一環として，後の情報処理専門教育の導入となるようには内容構成を配慮しました。

本書は，大学などにおける半期15回の講義を念頭においた教科書として構成してあります。主として講義形式の授業を想定していますが，随所に演習を織り込むことで，より深い理解が得られるよう工夫しました。また章末には演習問題を掲載し，略解を示すことで理解の助けとなるよう配慮しました。

本書の実現にあたっては，著者の所属する福井大学での教育研究活動を通じて得た経験が極めて重要でした。この機会を与えてくださった福井大学の教職員と学生の皆様に感謝いたします。また，本書実現の機会を与えてくださった近代科学社の皆様にも改めて感謝いたします。最後に，執筆を支えてくれた家族（洋子，研太郎，桃子，優）にも感謝したいと思います。

2015年11月　著者

目次

第1章　　コンピュータとは

第2章　　コンピュータとプログラムの 原理（1）

第3章　　コンピュータとプログラムの 原理（2）

第12章　ライブラリの利用

第13章　さまざまなプログラミング言語（1）

第14章　さまざまなプログラミング言語（2）

第15章　道具としてのコンピュータ

第1章

コンピュータとは

―この章のねらい―
　本章では，コンピュータの構成とその動作の原理を示します。コンピュータは，あらかじめメモリ上に配置された命令に従って一つずつ処理を実行する電子装置です。このことが理解できれば，次章以降は容易に理解できるでしょう。

―この章で学ぶ項目―
1.1　コンピュータの構成
1.2　コンピュータの動作

1.1 コンピュータの構成

1.1.1 コンピュータの歴史

コンピュータ (computer) は，日本語では電子計算機と呼びます。しかし，英語の "computer" を直訳すれば，"compute" と "er" の組み合わせで，「計算するもの」となるでしょう[1]。そこで以下では，手動や自動で計算する機械について，その歴史を概観します（表1.1）。

表 1.1 計算機械（コンピュータ）の歴史

年代	できごと
紀元前 2000 年ごろ	アバカス (abacus) の利用
1642 年	パスカリーヌ (Pascaline) の発明
1840 年ごろ	階差機関の開発
1942 年	ABC 稼働（世界初の電子計算機）
1946 年	ENIAC 稼働
1949 年	EDSAC 稼働（現在のコンピュータの直接の祖先）
1951 年	EDVAC 稼働
1954 年	IBM650（商用大型計算機）発表
1963 年	DEC PDP-8（ミニコンピュータ）発表
1977 年	APPLE II（パーソナルコンピュータ）発表
1990 年代	インターネットの一般利用開放
現代	パソコンやスマホ，ネットワークの一般化・社会基盤化

電子的な計算機である現代のコンピュータは，20 世紀の中ごろに発明されました。しかし，手動あるいは機械式計算器の歴史は古く，今から 4000 年以上前には**アバカス (abacus)** と呼ばれる手動の計算機器が使われていたようです。アバカスはそろばんに姿を変えて現代に生き残っています。

歯車を組み合わせた機械式計算器としては，17 世紀にフランスの哲学者**ブーレーズ・パスカル (Blaise Pascal)** が作成した計算器である**パスカリーヌ (Pascaline)** が有名です。その後 19世紀には，イギリスの**チャールズ・バベッジ (Charles Babbage)** が，蒸気機関を使って自動的に計算を進める機械式計算機である**解析機関 (analytical engine)** や，その前進となる**階差機関 (difference engine)** の設計や試作を行っています。

電子式の計算機は，20 世紀になって電子回路の技術が誕生した後に開発されました。最も初期の電子式計算機は，アイオワ州立大学の**アタナソフ (John V. Atanasoff)** とベリー (Clifford E.Berry) が開発した **ABC** で，1942 年に稼働しました。その後，1946 年には，1 万 8 千本の真空管を使った巨大な計算機である **ENIAC** が，ペンシルバニア大学の**モークリー (John W. Mauchly)** と**エッカート (J. Presper Echert, Jr.)** らによって開発されました。

現代のコンピュータの直接の先祖となるコンピュータは，1949 年に稼働した **EDSAC** でしょ

1　電子式のコンピュータが発明される 20 世紀中頃よりも以前は，"コンピュータ" は "（人間の）計算手" を意味する言葉であった。

う。EDSAC は，ケンブリッジ大学の**ウィルクス (Maurice Vincent Wilkes)** が開発した，実用的なプログラム内蔵型のコンピュータです。EDSAC に続いて，アメリカでは，ENIAC の後継機として **EDVAC** が 1951 年に稼働しています。

EDSAC や EDVAC は，ノイマン型と呼ばれる構成方法を採用したコンピュータです。ノイマン型という呼称は，20 世紀を代表する万能天才である**フォン・ノイマン (John von Neumann)** の名前によっています。ノイマンは数学や物理，社会科学など幅広い分野で多くの業績を上げました。コンピュータ科学の分野でも，現代広く利用されているコンピュータの基本的構成方法についての文献を最初に示した功績によって，現代的なコンピュータの発明者の一人[2]とされています。現在のコンピュータは，そのほとんどがノイマン型です。本書では以降，ノイマン型コンピュータのことを単にコンピュータと呼ぶことにします。

1950 年代以降，コンピュータは工業製品として世の中に広く浸透していきます。当初は回路素子として真空管を使っていましたが，これがトランジスタや IC に置き換わることで，信頼性が高く高性能なコンピュータが実現されるようになりました。また当初は，広い部屋が一杯になるほどの大きさの大型コンピュータが主流でしたが，1960 年代からはより小型なミニコンピュータも使われるようになり，1980 年代にはパーソナルコンピュータが一般市場に出回るようになりました。

現代では，コンピュータはありとあらゆる場所で利用され，日常生活を便利で豊かなものにするとともに，工業技術全般を支える基盤技術となっています。コンピュータを適切に利用することは，現代の技術者にとって必須の技能と言えるでしょう。

1.1.2　コンピュータの構成

図 1.1 に，コンピュータの基本構成を示します。コンピュータは，CPU やメモリ，I/O などの構成要素が，バスと呼ばれる信号をやり取りするための接続線によって相互接続されています。

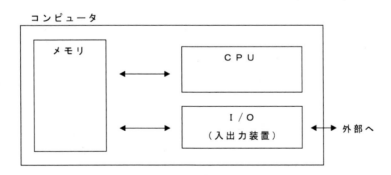

図 1.1　コンピュータの基本構成（ブロック図）

図 1.1 で，**CPU（Central Processing Unit，中央処理装置）** は，コンピュータ全体の制御を司り，演算などの情報処理を行う，コンピュータの中心部分です。CPU は，**メモリ (memory)**

2　ノイマンが一人でコンピュータを発明したというわけではない，という意味である。

上に置かれた機械語命令を逐次読み出し，同じくメモリ上に置かれたデータに対して処理を施します。その結果は再びメモリに格納されます。

　メモリは，機械語命令の並びである機械語プログラムを保持するとともに，処理対象となるデータも格納します。メモリは CPU によって操作され，CPU が内容を書き換えるまでは同じ値を保持し続けます。メモリは，各々が数値を格納する小さな区画に分割されており，それらの区画を区別するための数値を**番地**または**アドレス (address)** と呼びます。通常，メモリのアドレスには 0 番地から始まる整数が割り当てられます。

　I/O(Input/Output) すなわち**入出力装置**は，コンピュータと外界を結びつけるための装置です。具体的には，**キーボードやマウス，ディスプレイ**装置などが該当します。コンピュータに対する指示は入力装置を使ってコンピュータに与えられ，メモリに格納された処理結果のデータは出力装置により外界に伝えられます。**ネットワーク (network)** 装置は I/O の一種です。ネットワークを介して，他のコンピュータと情報をやり取りしたり，協調して処理を進めたりすることができます。

1.2　コンピュータの動作

　本節では，コンピュータの基本的な動作について説明します。コンピュータは，メモリ上に配置された命令に従って CPU が一つずつ処理を実行することで，情報を処理します。

1.2.1　CPU の構造

　CPU の動作を説明する前に，CPU の内部構造を説明しましょう。一口に CPU といってもさまざまな種類の製品がありますが，ここでは，多くの CPU に共通の，一般的かつ基本的な構造を示します。

　図 1.2 に，CPU の基本的な内部構造のブロック図を示します。CPU は，メモリから命令や処理対象データを読み込み，これを CPU 内部に一時的に保存して，処理を施します。その結果は，メモリに格納されます。この処理を実現するために，CPU 内部には，制御や記憶の働きを有する電子回路が詰め込まれています。

　CPU では，加算や減算といった演算を実施します。このための電子回路が**演算回路**です。また，演算回路やレジスタへの情報の流れをコントロールするのが**制御回路**です。

　CPU 内部には，一時的に情報を記録しておくための，ごく小容量で極めて高速な記憶装置が複数配置されています。これらの記憶装置を，一般に**レジスタ (register)** と呼びます。通常，1 つのレジスタは 1 つの数値を格納します。

　レジスタは，役割に応じてさまざまな名前が付けられます。例えば，メモリ上のどこから命令を取ってくるかを記憶するためのレジスタは，**プログラムカウンタ (program counter)** あるいは**インストラクションカウンタ (instruction counter)** と呼ばれます。計算結果を格納するレジスタは，**アキュムレータ (accumulator)**[3]とか**汎用レジスタ (general register)** といった名前が

3　「何かを蓄えておくもの」という意味がある。

付けられます。また，CPU の状態を記憶するための**ステータスレジスタ (status register)** や，その他の特殊なレジスタが必要に応じて配置されています。

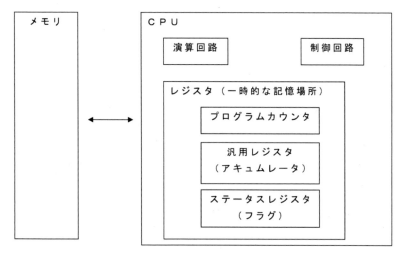

図 1.2　CPU の内部構造

1.2.2　CPU の動作

　CPU は，メモリ上に格納された機械語命令を一つずつ取り出し，機械語命令の意味を解釈して，計算やデータ移動などの処理を行います。これが，コンピュータの基本的な動作です（図 1.3）。

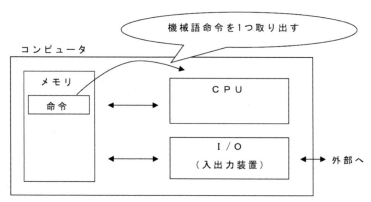

(1) CPUが，メモリ上に格納された機械語命令を1つ取り出す

図 1.3-1　コンピュータの基本的な動作　（(1) 〜 (3) を繰り返す）

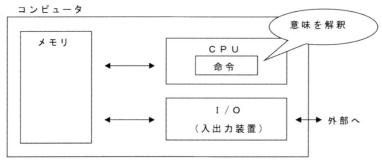

(2) CPUは機械語命令の意味を解釈する

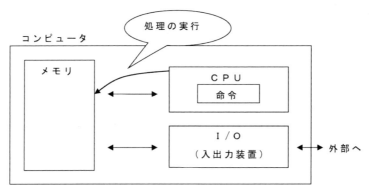

(3) 機械語命令の意味に従って，計算やデータ移動などの処理をCPUが行う

図 1.3-2　コンピュータの基本的な動作　((1) ～ (3) を繰り返す)

　機械語命令は，CPU に対して処理の内容を指示するための数字です。表 1.2 に，典型的な機械語命令の種類を示します。これらの命令は，CPU の設計時にあらかじめ決められた数値により，数字で表現されます。具体的な機械語命令の働きや，命令を表現する数値の値は，CPU の種類ごとに異なります。

　表 1.2 にあるように，CPU のできることはごく限られた内容であり，基本的には，メモリや CPU 間でのデータの移動，加減乗除などの演算，処理内容を切り替えるための処理の流れの制御ぐらいしかできません。これらの命令を非常に多数組み合わせることで，Web ブラウザやワープロソフトのようなコンピュータプログラムが構成されています。

表 1.2　機械語命令の種類（例）

カテゴリ	具体的内容
データの移動	メモリから CPU へのデータのコピー
	CPU からメモリへのデータのコピー
演算	加減乗除
	論理演算（論理和，論理積など）
処理の流れの制御	次に実行する命令の指定（ジャンプ）
	条件つきジャンプ
	サブルーチンジャンプ
CPU の制御	リセット
	処理の割り込み

　次に，もう少し詳しく CPU の動作を見てみましょう。例えば，CPU 内部に格納された 2 つの数値の足し算を実行する際の，CPU の動作を考えます。はじめに CPU は，メモリの特定の場所から機械語命令を 1 つ取り出します（図 1.4）。取り出し場所はアドレスを表す数値で指定します。命令を取り出すアドレスの値は，CPU 内部のプログラムカウンタに格納されています。機械語命令を取り出して CPU に命令の値をコピーした後，プログラムカウンタの値は自動的に増加し，次の命令取り出しに備えます。

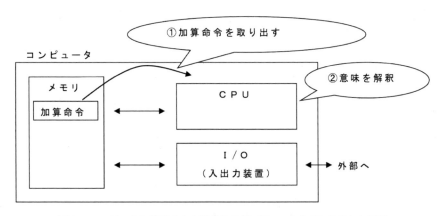

図 1.4　レジスタに格納された数値の加算（1）　命令の取り出しと解釈

　CPU はメモリから取り出した命令を解釈します。この場合，CPU 内部のレジスタに格納された数値同士を足し算する命令であったとします。すると次に CPU は，演算回路を利用して足し算を実行します。足し算の実行結果は，レジスタに一時的に保管されます（図 1.5）。

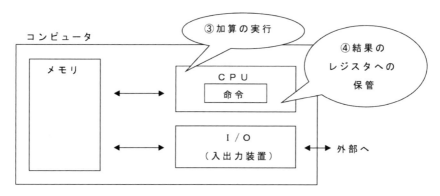

図 1.5　レジスタに格納された数値の加算（2）　加算の実行とレジスタへの保管

　以上の一連の処理により，1つの加算命令の実行が終了します。現代的なCPUでは，こうした処理を1秒間に数十億回以上実行することができます。機械語命令一つ一つの処理内容は極めて単純なものですが，これを非常に高速に繰り返すことで，結果として複雑な処理を実現しているのです。

第1章のまとめ

・現在利用されているものと同じ形式のコンピュータ（電子式のノイマン型コンピュータ）は，1940年代に発明された。
・コンピュータは，CPU，メモリ，I/O装置などから構成される。
・CPUは，メモリに格納された機械語命令を一つずつ実行する。
・CPUのできることは，データの移動，演算，処理の流れの切り替えなどである。

章末問題

問題1
　現在利用されているコンピュータは，そのほとんどすべてがノイマン型です。そこで，ノイマン型以外のコンピュータの構成方法について調査してください。

問題2
　現在利用されているCPUの種類や具体的名称を調べ，その内部構造を調査してください。

第2章

コンピュータと
プログラムの原理（1）

―この章のねらい―

　本章では，単純な仮想 CPU を定義した上で，具体的な機械語プログラムの構成と動作を紹介します。機械語プログラムは数字の羅列ですから，人間にとってはとてもわかりにくいものです。また現在では，機械語プログラムを人間が手作業で作らなくてはならない局面はまずありません。それにも関わらずここで機械語プログラムを取り上げるのは，機械語プログラムの動作原理の理解こそが，コンピュータおよびコンピュータプログラム一般の原理を理解する早道だからです。したがって本章の目的は，機械語プログラムの動作を学ぶことを通して，コンピュータとプログラムの原理を理解することにあります。

―この章で学ぶ項目―

2.1　機械語命令

　機械語命令の具体的な表現は，CPU の種類ごとに全く異なります。そこで本節では，機械語プログラムを学ぶことを目的とした単純な仮想 CPU である「exmini」を定義します。exmini は機械語プログラムの雰囲気を味わってもらうためにここで新たに設計した，ごく単純な CPU[1]です。

2.1.1　仮想 CPU「exmini」

　まずはじめに，仮想 CPU「exmini」の内部構造を簡単に説明しましょう。機械語によるプログラミングでは，特に CPU 内部のレジスタ構成を意識する必要があります。そこで，表 2.1 に，exmini のレジスタ構成を示します。

表 2.1　exmini のレジスタ構成

レジスタ名称	役割
プログラムカウンタ	次に実行すべき機械語命令が格納されているメモリアドレスを格納する
アキュムレータ	計算やデータ移動の途中結果を格納する
ステータスレジスタ（Z フラグ）	0 または 1 の値のみを有し，計算結果の状態を保持する（計算結果が零かどうかを保持する）

　機械語プログラムを作成する上で特に意識すべきなのは，表 2.1 に示すように，**アキュムレータ**，**ステータスレジスタ**，それに**プログラムカウンタ**の 3 つのレジスタです。exmini では，計算やデータ移動の途中結果はアキュムレータに格納します。また，計算結果に従って，ステータスレジスタの内容が変化します。本書の範囲では，ステータスレジスタ内部の Z フラグ[2]という名称のデータ領域を利用して，計算結果がゼロになったかどうかを判定します。プログラムカウンタは，次に実行すべき機械語命令が格納されているメモリアドレスを格納します。

　exmini による機械語プログラム実行の手順は，第 1 章で紹介した一般の CPU の場合と変わりません。すなわち，下記の（1）から（3）を繰り返し実行することでプログラムが解釈・実行されます。

（1）exmini CPU が，メモリ上に格納された機械語命令を 1 つ取り出す。取り出し先は，プログラムカウンタの指し示すアドレスである。プログラムカウンタの値は，次の機械語命令実行に備えて自動的に増加する。
（2）exmini CPU は，メモリから取ってきた機械語命令の意味を解釈する。
（3）機械語命令の意味に従って，計算やデータ移動などの処理を exmini CPU が行う。

1　パソコンやスマホに使われている CPU は，exmini よりはるかに高機能かつ複雑である。
2　Z フラグの "Z" は，ゼロ (zero) を意味する

2.1.2 exmini の機械語命令

exmini は学習用の単純な CPU です。exmini の機械語命令の例を表 2.2 に示します。exmini の命令全般については，付録を参照してください。

表 2.2　exmini の機械語命令（一部）

オペコード	説明
1	オペランドの値をアキュムレータにロード
2	オペランドで指定した番地の内容をアキュムレータにロード
12	オペランドで指定した番地へアキュムレータをストア
21	アキュムレータの内容をインクリメント（オペランドは任意の値）
22	オペランドで指定した番地の内容をインクリメント
31	アキュムレータの内容をデクリメント（オペランドは任意の値）
32	オペランドで指定した番地の内容をデクリメント
42	オペランドで指定した番地の内容が 0 なら z フラグを 1 にセット
51	z フラグをゼロクリア（オペランドは任意の値）
52	z フラグに 1 をセット（オペランドは任意の値）
61	z フラグが 0 ならオペランドの番地にジャンプ
62	z フラグが 1 ならオペランドの番地にジャンプ
90	CPU の停止（オペランドは任意の値）

exmini では，機械語命令はすべて**オペコード (opcode)** と**オペランド (operand)** の組で表現されます。オペコードとは，命令の働きを表現する数値です。オペランドは，操作対象となるメモリのアドレスや，数値そのものを記述します。オペランドが何を意味するのかは，オペコードごとに異なります。

機械語命令の例を示します。例えば，アキュムレータに数値 0 を格納するには，次のような命令を用います

```
1     0
```

ここで，最初の 1 はオペコードです。オペコード 1 の意味は，表 2.1 にあるように，「オペランドの値をアキュムレータにロード」することです。ロードとは，CPU にデータをコピーすることを意味します（図 2.1）。オペランドの値は 0 ですから，上記の命令は数値の 0 をアキュムレータにコピーするという意味になります。

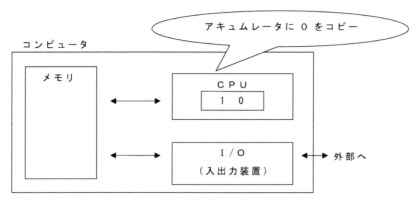

図 2.1　命令「1　0」により，アキュムレータに 0 がコピーされる

　上記の命令を CPU に実行させるには，何らかの手段でメモリ上の適当な場所に上記の命令を書き込む必要があります。その上で，CPU 内部のプログラムカウンタに命令を格納したアドレスをセットしてやると，CPU が上記命令を実行します。その結果，アキュムレータに数値 0 が格納されます。

　似たような機械語命令ですが，次の命令は少し意味が異なります。

　　2　0

今度は，オペコードが 2 です。これは，表 2.1 より，「オペランドで指定した番地の内容をアキュムレータにロード」することを意味します。先ほどの場合と異なるのは，オペランドの 0 は数値ではなく，メモリのアドレスを指定したものであるということです。したがってこの場合には，0 という値がロードされるのではなく，メモリ上の 0 番地に格納されている値がアキュムレータにコピーされます。実際にロードされる値がいくつになるのかは，命令を実行してみなければわかりません。具体的な値はわかりませんが，上記の命令を実行した時点で 0 番地に格納されていた値がそのままアキュムレータにコピーされます（図 2.2）。

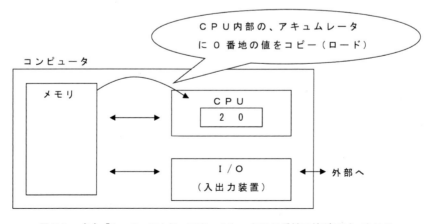

図 2.2　命令「2　0」により，アキュムレータに 0 番地の値がコピーされる

さて，次の命令はどのような意味になるでしょうか。

```
12    0
```

今度は，オペコードが 12 です。12 は，表 2.2 からわかるように，「オペランドで指定した番地
へアキュムレータをストア」することを意味します。ストアはロードの逆の操作で，CPU から
メモリにデータをコピーすることを意味します（図 2.3）。したがって上記の命令は，アキュム
レータにその時点で格納されている数値を，0 番地にコピーするという意味になります。

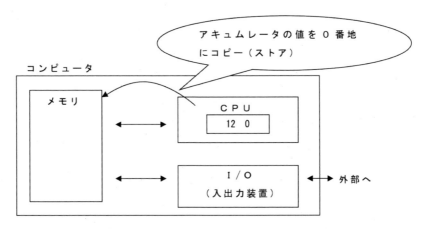

図 2.3　命令「12　0」により，アキュムレータの値を 0 番地にコピーする

　ロード命令とストア命令を用いると，任意の数値を任意のメモリアドレス間でコピーすること
ができます。これにより演算の準備や結果の集積を行ったり，出力装置の制御情報を出力装置に
送ったり，入力装置から情報を取り込んでメモリに格納したりすることができます。さらに，
CPU を介して情報を移動させる際に，さまざまな演算を施すことで情報の加工が可能となりま
す。CPU は，こうした枠組みで情報処理を進めています（図 2.4）。

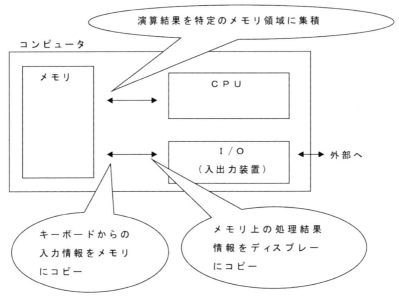

図 2.4　コンピュータ内部での情報の移動

2.2　順接処理

本節では，exmini の機械語命令を用いた入門的なプログラムを作成します。ここでは，メモリ上に配置された複数の機械語命令を，配置された順番に一つずつ実行するようなプログラムのみを扱います。また，実際にプログラムを実行するとどのように CPU が動作するのかを説明します。

2.2.1　データの移動

はじめに，前節で原理を紹介したデータの移動処理について，具体的に考えてみましょう。次の問題 2.1 を考えます。

問題 2.1

0 番地に格納された数値を 1 番地にコピーする機械語プログラムを作成せよ。

問題 2.1 のプログラムを実現する際に，CPU の機械語命令としてメモリ間のコピー命令があれば 1 命令でプログラムを書くことができます[3]。しかし exmini にはメモリ間のコピー命令はありませんから，次のような手順で複数の命令を使って処理を記述しなければなりません。

3　そういった機械語命令を持つ CPU も世の中には存在する。

数値コピーの手順

①コピー元の数値を，メモリから，CPU内のレジスタであるアキュムレータにコピーする（ロード命令）。

②アキュムレータから，コピー先のメモリに対してデータをコピーする（ストア命令）。

　上記で，①はメモリからCPUへのコピーですから，ロード命令を用います。具体的には，0番地がコピー元の番地ですから，0番地からアキュムレータにデータをコピーする，次の命令を用います。

2	0

②はストアですから，ストア命令を用います。問題より，格納先は1番地ですから，命令は次のようになります。

12	1

以上の命令をメモリ上の適当な場所に格納してやれば，問題2.1に対応するプログラムができあがります。プログラムを格納するメモリ領域は，操作対象となる0番地と1番地以外ならどこでもよいので，例えば10番地から格納するとしましょう。図2.5に，機械語プログラムを格納した後のメモリの様子を示します。

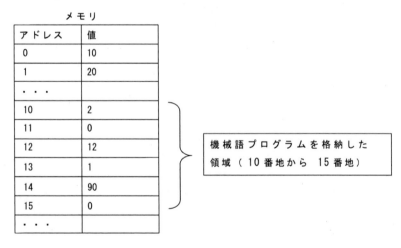

メモリ

アドレス	値
0	10
1	20
・・・	
10	2
11	0
12	12
13	1
14	90
15	0
・・・	

機械語プログラムを格納した領域（10番地から　15番地）

図2.5　数値コピーのプログラムを格納した後のメモリの様子

　図2.5で，0番地と1番地には，たまたま10と20が格納されていたとしています。10番地から後に機械語プログラムが格納されています。10番地と11番地がロード命令，12番地と13番地がストア命令です。14番地と15番地は，プログラムを停止させるための命令として，停止命令であるオペコード90が格納されています。図2.5から機械語プログラムを取り出して並べると，次のようになります。

```
2   0   12   1   90   0
```

　上記のプログラムを CPU に実行させるには，プログラムカウンタに，プログラムの先頭番地である 10 を格納します。すると，CPU はまず 10 番地と 11 番地に格納されたロード命令を実行します。結果として，0 番地に現在格納されている値である 10 が，アキュムレータにコピーされます（表 2.3）。なお，プログラムカウンタの値は，自動的に次の命令の格納された番地の値である 12 に更新されます。

表 2.3　10 番地のロード命令を実行した直後のレジスタの値

レジスタ名	値	説明
アキュムレータ	10	0 番地の値がロード（コピー）された
プログラムカウンタ	12	次に実行する機械語命令が格納された番地に自動更新された

　次に CPU は，12 番地と 13 番地に格納された命令を読み出します。これはストア命令なので，CPU はアキュムレータの値を 1 番地にコピーします（表 2.4）。プログラムカウンタの値は，自動的に 14 に増加します。

表 2.4　12 番地のストア命令を実行した直後のレジスタ等の値

レジスタ名および番地	値	説明
アキュムレータ	10	ストア命令では変化しない
プログラムカウンタ	14	次に実行する機械語命令が格納された番地に自動更新された
1 番地	10	アキュムレータの値がストア（コピー）された

　最後に CPU は，14 番地の停止命令を読み込みます。これにより，CPU が停止します。

2.2.2　データの設定と加工処理

　次に，データの移動の途中で数値に加工を施してみましょう。次の問題 2.2 を考えます。

問題 2.2

　0 番地に格納された数値を取り出し，1 を加えてから 1 番地に格納する機械語プログラムを作成せよ。

この問題は，問題 2.2 のプログラムに変更を加えることで解決できます。以下に，処理手順を示します。

数値加工（1 を加える）の手順

①コピー元の数値を，メモリから CPU 内のレジスタであるアキュムレータにコピーする（ロード命令）。

②アキュムレータの内容をインクリメント（1 だけ増やす）。

③アキュムレータから，コピー先のメモリに対してデータをコピーする（ストア命令）。

　上記で，①と③は先ほどの問題 2.1 の処理と同様です。②では，数値コピーの途中でその値を 1 だけ増やします。この処理は，表 2.1 のオペコード 21 の機械語命令を用いることで行えます。なおオペコード 21 の命令は，オペランドの値は任意であり，何をオペランドに与えても実行結果に影響しません[4]。

　以上より，問題 2.2 に対応する機械語プログラムは次のようになります。

```
2   0   21   0   12   1   90   0
```

このプログラムをメモリに配置する例を図 2.6（1）に示します。先ほどの例と同様，10 番地からプログラムを格納しています。

　図 2.6（1）の状態で，10 番地からプログラムを実行した場合の実行過程を考えましょう。まず，10 番地のロード命令により，0 番地から数値 10 がアキュムレータにコピーされます。次に 12 番地のインクリメント命令により，アキュムレータの値が 1 だけ増加し，結果として 11 となります。次に，14 番地のストア命令によりアキュムレータの値 11 が 1 番地にコピーされます。最後に 16 番地の停止命令により，プログラムが停止します。プログラム実行後，メモリの様子は図 2.6（2）のようになります。

メモリ	
アドレス	値
0	10
1	20
・・・	
10	2
11	0
12	21
13	0
14	12
15	1
16	90
17	0
・・・	

（1）実行前

メモリ	
アドレス	値
0	10
1	11
・・・	
10	2
11	0
12	21
13	0
14	12
15	1
16	90
17	0
・・・	

（2）実行後

図 2.6　数値加工（1 を加える）のプログラムを格納した後のメモリの様子

　次の問題は，メモリに特定の数値を格納する処理です。

4　CPU の設計としては明らかに無駄な設計であるが，機械語命令の長さを統一してプログラムをわかりやすくするために，あえてこうした設計としてある。

問題 2.3

　メモリの 0 番地に，数値の 5 をセットせよ。

　この問題が先の問題 2.1 と違うのは，メモリからメモリへのコピーではなく，特定の数値をメモリに書き込む点です。このためには，メモリからのロード命令のかわりに，オペコード 1 の「オペランドの値をアキュムレータにロード」という命令を使います。この命令でアキュムレータに値をセットし，その後アキュムレータの値をメモリにストアします。この考え方では，次のような処理手順が必要です。

特定の値をメモリにコピーする手順

①特定の数値（ここでは 5）を，アキュムレータにコピーする（ロード命令）。

②アキュムレータから，コピー先のメモリ（ここでは 0 番地）に対してデータをコピーする（ストア命令）。

①に対応する機械語命令は次の通りです。

```
1  5
```

②の処理は，先ほどの場合と同様にストア命令を用います。

```
12  0
```

上記を組み合わせ，最後に停止命令を付け加えると，問題 2.3 に対応するプログラムができあがります。

```
1  5  12  0  90  0
```

上記のプログラムを適当なメモリ領域に書き込んで実行すると，メモリの 0 番地に 5 が書き込まれます。

2.3　繰り返し処理

　本節では，プログラム実行の流れを変える**ジャンプ命令**を使って，処理手続きを繰り返し実行させる方法を示します。

2.3.1　ジャンプ命令

　CPU は，プログラムカウンタに格納されたアドレス値を手がかりに，メモリに格納された機械語命令を一つずつ順に実行します。ここまでのプログラム例は，プログラムの先頭から順に命令を実行し，いくつかの命令を実行してプログラムが終了する形式のものばかりでした。この

間，プログラムカウンタの値は単調に 2 ずつ増加しています。

　ここで，もしプログラムの実行中にプログラムカウンタの値を書き換えたらどうなるか考えてみましょう。図 2.7 で，10 番地から機械語命令が格納されているとします。例えば 14・15 番地の命令を実行し終えた際に，何かの機能によってプログラムカウンタの値が 10 に書き換えられたとします。

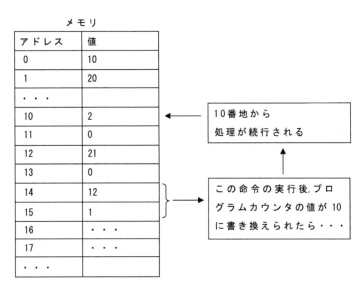

図 2.7　ジャンプ命令

すると CPU は，次は 10 番地から機械語命令を取り出して実行を続けます。10 番地の命令が終了すると，次は 12 番地の命令が実行され，以下最初のときと同様にプログラムの実行が進みます。このように，プログラムカウンタの値を書き換えることで，プログラム実行中に処理の流れを変更することができます。プログラムカウンタの値を書き換えるには，専用の機械語命令を利用します。このようなプログラムカウンタの値を書き換える命令を，一般に**ジャンプ命令**と呼びます。

　ジャンプ命令を使うと，ある処理を繰り返し実行するようなプログラムを作成することができます。例えば，次のようなプログラムを考えてみましょう。

問題 2.4

　　0 番地の値を繰り返し 1 ずつ増やし続けるプログラムを示せ。

この問題は，次のような処理手順によりプログラムとして実現できます。

0 番地の値を繰り返し 1 ずつ増やし続ける手順

①0 番地の値を 1 増やす（インクリメント命令）。

②手順の①に戻る（ジャンプ命令）。

上記では，①でインクリメント命令により 0 番地の値を 1 増やします。次に②で，プログラムカウンタの値を書き換えるジャンプ命令により，①の手順に戻ります。

　具体的な命令を考えましょう。問題 2.4 で，前半部分の「0 番地の値を繰り返し 1 ずつ増やす」ことについては，オペコード 22 の命令である「オペランドで指定した番地の内容をインクリメント」を用いることで，次のように表現できます。

```
22   0
```

　上記の命令に続いて，ジャンプ命令を記述します。exmini には，オペコード 61 と 62 の 2 種類のジャンプ命令が用意されています。これらのジャンプ命令は，いずれも CPU 内部のステータスレジスタに含まれる Z フラグの状態にしたがってジャンプを実行します。ここでは，Z フラグが 0 のときにジャンプを実施する，オペコード 61 の命令を用いることにしましょう。

　ジャンプ命令に先立って，まず Z フラグを 0 に設定します。これはオペコード 51 の「Z フラグをゼロクリア」という機械語命令を用います。Z フラグは 0 または 1 の値のみを取る記憶装置であり，それ以外の値にはなりません。なお，この命令ではオペランドの値は無視されますので，適当に 0 をオペランドとして与えておきます。

```
51   0
```

　次にオペコード 61 のジャンプ命令を用います。オペランドとしてとび先のアドレスを与えますが，ここではプログラムを 10 番地から格納することにして，ジャンプ命令のオペランドを 10 としましょう。

```
61   10
```

これら 3 つの命令により，以下のようなプログラムが完成します。

```
22   0   51   0   61   10
```

以上 3 つの命令を図 2.8 のようにメモリに格納し，10 番地から実行します。

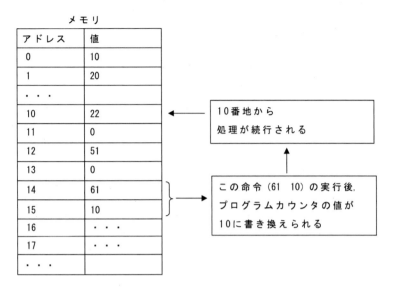

図 2.8 ジャンプ命令を用いた繰り返し処理

　プログラムを実行すると，まず 10 のインクリメント命令で 0 番地の値が 1 だけ増やされて 11 になります。次に 12 番地の Z フラグのクリア命令で，Z フラグが 0 になります。続く 14 番地のジャンプ命令により，プログラムカウンタの値が 10 となります。したがって CPU は次に 10 番地から機械語命令を取り出し，このインクリメント命令により 0 番地が 1 増やされて 12 となります。以降，ジャンプ命令で元に戻ってインクリメントする操作が続けられます。

　図 2.8 のプログラムは，停止命令を含んでいません。したがって，このプログラムは永久にインクリメントとジャンプを繰り返します。このような繰り返しを，**無限ループ**[5]と呼びます。無限ループに陥ったプログラムは，自分では止まることができず，人間がリセット信号を送るなどしない限りは処理を止めることができません。

2.3.2　条件判定とループ処理

　無限ループは扱いに困りますので，今度は有限のループを使った処理例を紹介しましょう。問題 2.5 は，繰り返し処理終了後にちゃんと停止するプログラムの例です。問題文中の作業領域とは，プログラム実行中に計算途中の値を一時的に保存しておくための領域のことをいいます。

問題 2.5
　0 番地の内容を 3 だけ増やすプログラムを示せ。ただし，作業領域として 1 番地を用いてよい。

このプログラムは，次のような処理手順によって実現されます。

5　普通は無限ループはプログラムのミス（バグ）であるが，ネットワークサーバのプログラムなどでは意図的に無限ループを構成する場合もある。

0 番地の値を 3 だけ増やす手順

① Z フラグに 0 をセットする。

② 1 番地に 3 を格納する。

③ 0 番地の値を 1 増やす。

④ 1 番地の値を 1 減らす。

⑤ 1 番地の内容が 0 かどうか調べる。

⑥ 上記④の結果，1 番地が 0 でなければ手順の③に戻る。

①はプログラム実行前の準備です。後でジャンプ命令を用いる際に，CPU 内部の Z フラグの値が 0 かどうかを手がかりとしています。最初はジャンプの条件を成立させておくために，Z フラグをあらかじめ 0 に設定しておきます。これは先ほどの例と同様，次のように記述します。

```
51   0
```

上記②も準備です。これは，問題 2.3 と同じようにして，次のように記述します。

```
1   3   12   1
```

③は問題 2.4 の①と同じです。

```
22   0
```

④はデクリメント命令を用いて次のように記述します。

```
32   1
```

⑤は条件判定命令を用います。条件判定の命令はオペコード 42 です。

```
42   1
```

上記命令を実行すると，1 番地の内容が 0 のときに，CPU 内部の Z フラグが 1 となります。⑥はジャンプ命令です。飛び先は③ですから，このプログラムを 10 番地から格納したとすると，16 番地に飛ぶことになります。

```
61   16
```

以上の命令を並べて，最後に CPU 停止命令を配置すると，次のようなプログラムが完成します。

```
51   0   1   3   12   1   22   0   32   1   42   1   61   16   90   0
```

このプログラムを 10 番地から格納して実行すると，0 番地の値が 3 だけ増加します。

　なお，増加量が3であれば，繰り返し処理を使わなくても[6]プログラムは書けます。しかし，ここで示したような繰り返し処理を利用すれば，増加量が50でも100でも同様のプログラムで対応することができます。また，次章で扱うように，増加量があらかじめ決められていない場合でも対応することができます。この意味で，繰り返し処理は強力な表現手法です。

第2章のまとめ

- 機械語プログラムやプログラムの処理対象データは，メモリの適当な領域に格納する。
- 機械語プログラムを実行するには，プログラムの先頭番地をプログラムカウンタに書き込む。
- 機械語プログラムは，プログラムカウンタの値に従って順に実行される。
- プログラムカウンタの値を適宜書き換えることで，プログラムの適当な部分を繰り返し実行することができる。
- 計算結果に従って，繰り返しの回数等を制御することができる。

章末問題

問題1

　ノイマン型コンピュータでは，プログラムやデータをメモリに格納します。この際，プログラムもデータも数値ですから，メモリに格納されたのがプログラムかデータかは見た目には区別がつきません。もしプログラムカウンタにデータ領域のアドレスを格納してCPUに命令を実行させると，何が起こるでしょうか。

問題2

　3番地の値を2減らすプログラムを示してください。

問題3

　0番地の値を1減らし，それが0かどうかチェックして，もし0でないなら，さらに1減らすプログラムを示してください。ただしプログラムは10番地から格納します。

6　インクリメント命令を3回記述すればよい。

コンピュータと
プログラムの原理（2）

—この章のねらい—

　本章では，前章に引き続いて機械語プログラム
と CPU の動作について説明します。また，実際
に PC やスマートフォンで用いられている CPU
の機械語命令がどうなっているのかも紹介しま
す。

—この章で学ぶ項目—

3.1　演算処理

ここでは，インクリメントなどの基本的な命令しか持たない CPU である exmini を用いて，加算などの演算処理を行う方法を考えます。このためには，以下で説明するように，ジャンプ命令を利用した繰り返し処理が必要になります。

3.1.1　2 つの数値の加算

はじめに，演算処理の基本となる 2 つの数値の加算処理[1]について考えてみましょう。

問題 3.1

　0 番地の値と 1 番地の値を加算し，結果を 0 番地に格納せよ。

普通，PC やスマホで利用されている CPU には，加算命令が用意されています。しかしここで例として扱っている CPU である exmini には，加算命令がありません。そこで，問題 3.1 は**インクリメント命令**や**デクリメント命令**を組み合わせて，ジャンプ命令を用いた繰り返し処理により実現します。具体的な手順を示します。

0 番地の値と 1 番地の値を加算する基本手順
① 0 番地の値を 1 増やす（インクリメント命令）。
② 1 番地の値を 1 減らす（デクリメント命令）。
③ 1 番地が 0 でなければ，手順の①に戻る（ジャンプ命令）。

　上記では，図 3.1 に示すように，インクリメントとデクリメントを使ってループ処理により加算を実行しています。この方法では，1 番地に格納された数値の値によって繰り返し処理の回数が異なります。したがって，1 番地の数値の値によって，プログラムの実行時間が変化することになります。

　上記の手順を機械語で表現してみましょう。例によって，このプログラムは 10 番地から格納することにします。最初にジャンプ命令利用のための準備として，Z フラグに 0 をセットします。

```
51   0
```

手順①に従って 0 番地の内容を 1 増やします。

```
22   0
```

手順②に従って 1 番地の値を 1 減らします。

1　今日パソコンやスマホに用いられている CPU では，加減乗除やその他のさまざまな演算命令を備えているのが普通である。

```
32    1
```

手順③は，1番地の内容のチェックと，ジャンプ命令で構成します。ジャンプ命令の飛び先は12番地です。

```
42    1   61     12
```

最後に，CPUの停止命令を付け加えます。

```
90      0
```

これらの命令を並べると，プログラムが一応完成します。

```
51  0 22  0 32  1 42  1 61  12 90  0
```

実は，このプログラムには欠陥があります。次節ではプログラムの挙動を調べるとともに，この点を検討してみましょう。

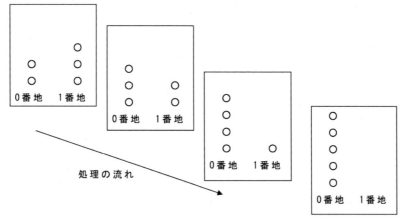

1番地が0になるまで，0番地の値を繰り返しインクリメントする

図3.1　インクリメントとデクリメントによる加算処理の基本的な考え方

3.1.2　プログラムのデバッグ

前項で作成した加算プログラムを，図3.2に示すように10番地からメモリに格納します。その上で，図3.2のような設定でプログラムを実行した場合を考えましょう。

図 3.2　加算プログラムの動作（1）　正常に実行される例

　図 3.2 では，0 番地に 1 が，また 1 番地には 2 があらかじめ格納されています。この状態で 10 番地からプログラムを実行すると，12 番地と 14 番地のインクリメントおよびデクリメント命令により，0 番地の値が 2 に，1 番地の値が 1 になります。この後，1 番地が 0 でないので，ジャンプ命令によりプログラムの実行は 12 番地に戻ります。すると今度は，12 番地と 14 番地の命令により，0 番地は 3 に，1 番地は 0 になります。今度は 1 番地の内容が 0 ですから，ジャンプは実行されず，プログラムが終了します。プログラム実行後には，0 番地が 3 に，1 番地が 0 となります。この結果は，加算プログラムとして正しい結果です。

　では次に，図 3.3 のような状態で同じプログラムを実行した場合を考えてみましょう。今度は，0 番地と 1 番地の内容はどのように変化するでしょうか。図 3.3 の例では，1 番地の値がはじめから 0 になっています。したがって，この場合には加算は行わず，ただちに終了するのが正しい動作です。しかし実際には，プログラムの手順に従って 0 番地のインクリメントと 1 番地のデクリメントが行われるため，プログラムの処理が進行してしまいます。この結果，1 番地の値は 0 よりも小さな値[2]となり，1 番地が 0 かどうかという条件判定によって「0 ではない」という判断が下され，その結果，ジャンプ命令が実行されてしまいます。後は，1 番地の値のデクリメントが繰り返し実行され，プログラムは期待されない処理をいつまでも繰り返します。

2　exmini によるシステムでは，メモリに格納できるのは符号を伴わない数値だけある。このため，0 をデクリメントすると，実際には 0 より小さな負の数とはならずに，メモリに格納可能な最大の整数となる。

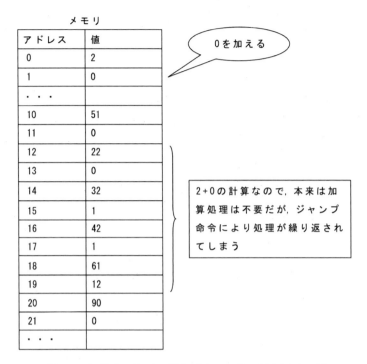

図 3.3　加算プログラムの動作（2）　正常に実行されない例

　以上のように，このプログラムにはミスがあります。このようなプログラムのミスを**バグ (bug)**[3]と呼びます。また，バグを修正することを**デバッグ (debug)** と呼びます。

　それでは，上記のプログラムをデバッグしてみましょう。ここでは，0 を加える特殊な場合を検出して，その場合の処理を中止するようにしてみましょう。このためには，繰り返し処理に先立って，1 番地の内容が 0 かどうかをチェックします。もし 0 であれば，処理をそこで終了します。

　この考え方でプログラムを修正すると，次のようなプログラムができあがります。

```
51  0  42 1  62  24  22  0  32  1  42  1  61  16  90  0
```

3.2　実際の機械語プログラム

　ここまでは，学習用の仮想的な CPU である exmini によって機械語命令によるプログラミングについて説明してきました。本節では，実際の PC やスマートフォンで利用されている CPU がどのようなものであるか，また，実際の機械語プログラムがどの程度の規模であるかを見てみましょう。

3　本来は昆虫などの "虫" を意味する英単語である。

3.2.1　実際に PC やスマートフォンで用いられている CPU の例

現在，PC の世界で最もよく用いられているのは，Intel 社の CPU です。例えば Intel 社の Core i7 という CPU では，CPU の動作のタイミングを与える信号の周波数は数十億 Hz であり，回路を構成する基本素子であるトランジスタの個数は 14 億個程度です。内部には 4 つの CPU が含まれており，同時並列的に複数のプログラムを実行することが可能です。

スマートフォンに代表される小型の端末装置では，ARM 社の設計した CPU が広く利用されています。用途に合わせてさまざまな CPU が開発されていますが，上位機種にあっては，PC 用の CPU に負けないほどの回路規模や処理能力を有しています。

3.2.2　実際の機械語プログラム

本書でこれまでに作成した機械語プログラムは，機械語命令の個数が数個からせいぜい 10 個程度の，ごく小さな規模のものばかりです。では，パーソナルコンピュータで利用されるような実際の機械語プログラムはどの程度の規模なのでしょうか。

実際の機械語プログラムの例として，例えばワープロソフトや Web ブラウザソフトを見てみましょう。表 3.1 に，典型的なパソコン用ソフト本体のデータ量の例を示します。データ量は，英数字や記号など 1 文字分に対応する単位であるバイト (byte) を用いて表現しています。

表 3.1　実用的な機械語プログラムのデータ量（本体のみ）

番号	プログラムの種類	データ量（単位：バイト）
1	ワープロ	1423000
2	ワープロ	1533536
3	Web ブラウザ	815272
4	Web ブラウザ	376944

表 3.1 を見ると，いずれのプログラムも，そのデータ量は極めて大規模です。したがって，これまで本書で行ってきたような方法でこれらのプログラムを作成することはとてもできません。

プログラム開発現場では手作業で機械語命令を組み合わせるようなプログラミング方法が取られることは，決してありません。実際には，機械語命令を組み合わせるのではなく，**プログラミング言語 (programming language)** を用いてプログラム開発を行います。本書では以降，プログラミング言語を用いたプログラム開発の方法について述べることにします。

第 3 章のまとめ

・機械語命令を組み合わせることで，さまざまな処理プログラムを構成することができる。

・プログラムのミスを修正する作業をデバッグと呼ぶ。

・実用的なプログラムでは，プログラムの規模は数百万命令以上にも及ぶ。

・機械語プログラムの手作業による作成は非効率的であるため，今日では実用的な機械語プログラムの作成を手作業で行うことはほとんどない。

章末問題

問題 1

exmini の機械語を利用して減算を行うプログラムを作成する方法を説明してください。また，乗算はどうすれば実現できるでしょうか。

問題 2

図 3.3 の場合のように，終了条件が満たされないような繰り返し処理を行うプログラムを停止させるにはどうすればよいでしょうか。

コラム　機械語プログラムは難しい

　機械語のプログラムは，読むのも書くのも大変難しい厄介な代物です。これは，機械語命令が CPU の電子回路を制御するためのものであり，コンピュータのハードウェアの都合で決められたものであるためです。このため，命令の定義表が与えられない限り，機械語命令の数値を見るだけではその意味を想像することすらできません。後で述べるように，プログラミング言語の利用が一般化した現在では，直接人手で機械語プログラムを作成することはまずありません。

　しかし，20 世紀中ごろのコンピュータが誕生した直後の時期には，まだプログラミング言語はありませんでした。そこでその当時は，機械語によるプログラミングが一種の名人芸としてなされていました。現在残っている名人芸的機械語プログラムの一つに，EDSAC の "initial order" という機械語プログラムがあります。このプログラムは 31 語の短いプログラムですが，巧妙な仕掛けによってその何倍もの量のプログラムと同等の動作を行うことができます。ここでは詳細を説明することができませんが，興味がある人はぜひ調べてみてください。

アセンブラ，コンパイラ，インタプリタ

―この章のねらい―

　本章では，機械語プログラムを手作業で作成するかわりに，より効率的にプログラムを作成する方法として，プログラミング言語による方法を紹介します。実際のプログラム開発の局面では，より効率的なプログラム開発方法として，本章で紹介するプログラミング言語による方法が取られています。

―この章で学ぶ項目―

4.1　アセンブリ言語とプログラミング言語

　ここでは最初に機械語プログラムを効率的に開発する方法としてアセンブリ言語の利用を紹介します。次に，さらに効率的なプログラミング言語の考え方を紹介します。現在では，プログラム開発にはプログラミング言語を用いるのが普通です。

4.1.1　アセンブリ言語

　これまで扱って来た機械語命令は，一般に，人間にとって非常にわかりづらいものです。機械語命令によるプログラミングにはいくつもの欠点がありますが，そのうちの一つに，機械語が単なる数字の並びであることが挙げられます。例えば次の機械語命令は，0 番地からアキュムレータにデータをコピーする機械語命令です。

```
 2    0
```

しかし，これがそうした意味を持つことは，これらの数値の並びからは想像もつきません。

　そこで，機械語である数値のかわりに，その意味を表現するアルファベットの並びを対応付ける方法が考案されました。例えば上記であれば，数値でプログラムを書くかわりに次のように表現します。

```
 lda   0
```

上記で，lda は **lo**ad **a**ccumulator を意味します。このように，オペコードのかわりに用いるアルファベット文字列を**ニモニック (mnemonic)**[1]と呼びます。ニモニックを用いると，数字ばかりだった機械語プログラムが読みやすくなります。

　ニモニックを使ったプログラムの表現例を図 4.1 に示します。図 4.1 では，ロード命令に続いて，ストア命令 sta を用いています。さらに，プログラムの最後に CPU の停止命令である halt 命令を配置しています。なお，付録に exmini のニモニック一覧を示します。

　ニモニックを用いるとプログラムがとても読みやすくなります。さらに，ジャンプ命令のとび先命令を記号で指定したり，操作対象のメモリ領域を記号で指定したりできると，よりプログラムが扱いやすくなります。このような表現方法によるプログラム記述を，**アセンブリ言語 (assembly language)** による記述と呼びます。

```
 2    0   12   1   90    0
```
(1) 機械語によるプログラムの表現

図 4.1-1　ニモニックによる機械語プログラムの表現

1　本来，「記憶を助ける」とか「記憶術」といった意味の英単語である。

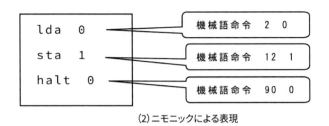

(2) ニモニックによる表現

図 4.1-2　ニモニックによる機械語プログラムの表現

アセンブリ言語によるプログラムの記述例を図 4.2 に示します。図 4.2 のプログラムでは，ニモニックによる表現を用いている他，ジャンプ命令 "jnz" の飛び先となる命令を $loop という記号で指定しています。さらに，プログラム中にメモを記入するための記号として，//という表現を用いています。//に続く部分は**コメント (comment)** と呼ばれ，プログラムの説明を自由に記述することができます[2]。

```
        clz 0         //z フラグをリセット（ゼロクリア）
        ldi 3
        sta 0         //0 番地を 3 にセット
$loop   dec 0         //0 番地を 1 減らす
        inc 1         //1 番地を 1 増やす
        cmp 0         //0 番地が 0 かどうかチェック
        jnz $loop     //ゼロでなければ$loop へ
        halt 0        //プログラムの停止
```

図 4.2　アセンブリ言語によるプログラムの記述例

4.1.2　プログラミング言語

アセンブリ言語を使えば，機械語命令を並べただけの機械語プログラムと比較して格段に可読性が向上します。しかし，アセンブリ言語は機械語命令を読みやすくするための工夫であり，機械語の枠組みに依存した言語です。このため，現代の社会における大規模なプログラムの記述にはまだまだ不十分です。そこで，**プログラミング言語 (programming language)** の出番となります。

プログラミング言語は，人間にとってよりなじみやすい記述が可能な表現方法です。例えば，**Python 言語**や **C 言語**，**C++ 言語**，あるいは **Java 言語**など，現在広く利用されているプログラミング言語では，四則演算を次のように表現することができます。

2　//に続く部分は，あくまで "コメント" であり，プログラムの説明に過ぎない。コメントとして何を書いても，プログラムの内容には何の影響も与えない。

```
3+5
7.39-9.32
4200*6800
9.01/3.22
```

上記において，記号*は乗算を意味し，記号/は除算を意味します。このように，プログラミング言語では，機械語表現とは比べ物にならないほどわかりやすい記述が可能です。実際のプログラミング言語では，このような計算式の他，条件判定や繰り返し処理の記述や，計算過程での一時的なデータ保存などの処理を記述することが簡単にできます。

　ところで，プログラミング言語には数多くの種類があります。いま挙げた Python 言語，C 言語や C＋＋言語，Java 言語などはその一例に過ぎません。それぞれのプログラミング言語は，用途に応じて色々な特徴を有しています。その特徴には，例えば数値計算プログラムの記述に便利であるとか，プログラムを試しながら作るのに向いているとか，あるいは多種多様なコンピュータで扱うことができるとか，さまざまな側面があります。次章以降では，Python 言語を例に取りつつ，その他のさまざまなプログラミング言語から共通した部分も取り上げて，プログラム記述の具体的な方法を紹介していきます。

4.2　コンパイラとインタプリタ

　CPU が実行できるのは機械語プログラムだけです。したがって，プログラミング言語でプログラムを記述しても，そのままでは CPU に実行させることはできません。プログラミング言語で記述したプログラムを実行するためには，機械語に変換する必要があり，大きく分けて**コンパイラ方式**と**インタプリタ方式**の 2 つの方法があります。ここでは，これら 2 つの方法について説明します。

4.2.1　コンパイラ

　プログラミング言語で記述したプログラムは，同じ意味を持つ機械語プログラムに対応しています。そこで，あらかじめ書き換えの規則を埋め込んだプログラムを作成して，プログラミング言語の記述を機械語プログラムの記述に書き換える作業を自動的に行わせることが可能です。このように，プログラミング言語で記述したプログラムを対応する機械語プログラムに自動的に置き換える処理を行うプログラムを**コンパイラ (compiler)** と呼びます。図 4.3 にコンパイラの処理過程を示します。

　図にあるように，プログラミング言語で記述したプログラムのことを一般に**ソースコード (source code)** または**ソースプログラム (source program)** と呼びます。コンパイラはソースコードを入力情報として受け取り，プログラムに記述された内容を解釈して，対応する機械語プログラムである**オブジェクトコード (object code)** を出力します。この操作を**コンパイル (compile)** と呼びます。

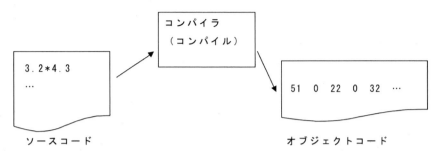

図 4.3　コンパイラの処理過程

　コンパイラの出力するオブジェクトコードは，ある特定の CPU の機械語で表現された機械語プログラムです。したがってコンパイル時には，ソースコードを記述した言語用のコンパイラを用いる必要があるばかりでなく，どの CPU を用いてオブジェクトコードを実行するかをあらかじめ決めた上で，適切なコンパイラを選択する必要があります。

4.2.2　インタプリタ

　プログラミング言語で記述されたプログラムを CPU に実行させるもう一つの方法は，**インタプリタ (interpreter)** を用いる方法です。インタプリタはコンパイラと異なり，ソースコードを一括して機械語プログラムに変換することはありません。かわりに，ソースコードを 1 行ずつ読み込んで，その都度解釈・実行します（図 4.4）。

図 4.4　インタプリタによるソースコードの実行

　インタプリタを用いると，プログラムを少しずつ作成してその動作を試すといった，柔軟なプログラム開発の手法を取ることが可能です。またインタプリタによる実行では，オブジェクトコードを生成するコンパイルの作業は必要ありません。そのかわり，1 行ずつソースコードの解釈・実行を進めるので，実行時にインタプリタのプログラムが必要です。また，実行速度は，コンパイラの出力する機械語プログラムを実行する場合より遅いのが普通です。

　以上のように，コンパイラとインタプリタにはそれぞれ長所があります。実際のプログラム言語処理系では，用途に合わせた方式が採用されています。なお，本書で扱う Python では，インタプリタ方式を用いるのが普通です。

第4章のまとめ

・アセンブリ言語は，機械語を人間にとってより扱いやすい形式で表現するための言語体系であるが，現在では，アセンブリ言語を使って人間が手作業でプログラムを書くことはほとんどない。
・現在では，プログラム作成にはプログラミング言語を用いるのが普通である。
・プログラミング言語には多くの種類がある。
・プログラミング言語によって記述したプログラムを実行する方式には，コンパイラ方式とインタプリタ方式がある。

章末問題

問題 1
アセンブリ言語が機械語よりも優れている点を挙げてください。

問題 2
プログラミング言語にはさまざまな種類があります。どんなプログラミング言語があるか調べ，その名称を示してください。

問題 3
コンパイラ (compiler) とインタプリタ (interpreter) それぞれについて，英単語としての本来の意味を調べてください。

## 第 5 章

手続き的処理（1）
順接処理

―この章のねらい―

　本章では，プログラミング言語を利用したプログラム作成の第一歩として，はじめから終わりまで順番に一つずつ処理を行うようなプログラムの記述について扱います。具体的には，プログラム開発の具体的な手順を説明した後に，ディスプレイへの情報の出力や，キーボードからのデータ入力，あるいはデータの一時的保存等の記述方法を紹介します。

―この章で学ぶ項目―

5.1　プログラミング言語を用いたプログラム開発の方法

　本節では，プログラミング言語を用いたプログラム開発の方法を説明します。本書では例題を記述するプログラミング言語として，Python を例として取り上げます。前章で述べたように，Python ではインタプリタによる処理系が用いられています。以下では，インタプリタによる基本的な処理方法を示した上で，Python のプログラムを編集・保存してから実行する方法を紹介します。

5.1.1　Python インタプリタの実行

　Python のプログラムを実行するためには，Python インタプリタを利用します。Python インタプリタを起動する方法は環境によりさまざまですが，例えば，Windows 環境の「コマンドプロンプト」を利用する場合には，コマンドプロンプトのウィンドウ内で，Python インタプリタを起動するコマンドとして「python」と入力します。図 5.1 に，コマンドプロンプトを用いて Python インタプリタを起動する例を示します。

```
C:¥Users¥odaka>python
Python 3.8.2 (tags/v3.8.2:7b3ab59, Feb 25 2020, 22:45:29) [MSC v.1916
32 bit (Intel)] on win32
Type  "help",  "copyright",  "credits"  or  "license"  for  more
information.
>>>
```

図 5.1　コマンドプロンプト内での Python インタプリタの起動

　図 5.1 では，「python」と入力することで Python インタプリタを起動しています。これに対して Python インタプリタが起動し，メッセージを出力した後，プロンプト（入力促進記号）「>>>」を出力して待ち受け状態となります。

　プロンプトが表示された状態では，Python の命令を入力することができます。図 5.2 に，さまざまな計算を行う例を示します。図では四則演算やその組み合わせの計算式を Python インタプリタに与えて計算結果を表示させ，最後に「quit()」と入力することで Python インタプリタを終了しています。

```
>>>>>> 3+5
8
>>> 3-5
-2
>>> 3*5
15
>>> 3/5
0.6
>>> 5*13+20/2
75.0
>>> quit()

C:¥Users¥odaka>
```

図 5.2　Python インタプリタによる計算例

5.1.2　プログラムの編集・保存と実行

　Python インタプリタを使った計算は手軽ですが，込み入ったプログラムを実行させるのには向いていません。そこで次に，プログラムを編集してファイルに保存してから，そのプログラムを実行する方法を説明します。

　図 5.3 に，プログラムの編集・保存と実行の手順例を示します。

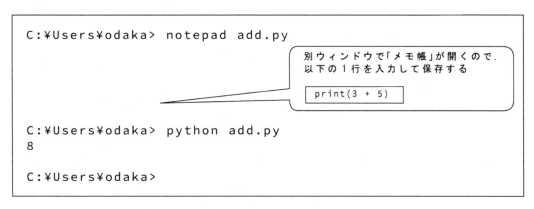

図 5.3　プログラムの編集・保存と実行の手順例

　図 5.3 では，Python インタプリタを用いて，add.py という名前のファイルに格納した Python のソースコードを実行する様子を示しています。

　ソースコードは，プログラミング言語を使って記述したプログラムです。これは，人間がそのまま読み下すことのできる，アルファベットによる単語や数字，記号などで記述された普通の文書です。したがって，ソースコードは文書編集ソフトで作成することができます。

　図 5.3 で，プログラム開発者はまず Windows 付属のテキストエディタである「メモ帳」エディタを使って，ソースコードを作成しています。この作業をコーディングと呼びます。図の例

では，プログラムは次の 1 行のみから構成されています。

```
print(3 + 5)
```

このプログラムの意味は，「3 + 5 を計算して画面に表示せよ」というものです。

プログラムの入力後，「メモ帳」の保存機能を利用して，ソースコードを add.py ファイルに保存します。そして，Python インタプリタを利用して，add.py に格納されたソースコードを実行すると，実行結果として加算結果の 8 が表示されます。

実行後，期待した機能が得られればプログラム開発は終了です。もし期待と異なっていたり，プログラムが動作しなかったりすれば，デバッグの作業が必要となります。この場合，エディタを用いてソースコードを修正し，保存しなおして再び実行し，その結果を調べます。

5.2 出力

プログラミング言語によるプログラム作成の第一歩として，ディスプレイに文字等を描くプログラムについて扱いましょう。以下では，決められた文字を描くプログラムや，計算式の計算結果を出力するプログラムを示します。

5.2.1 文字の出力

はじめに，ディスプレイに決められた文字を表示するプログラムの書き方を紹介します。

問題 5.1

ディスプレイに *"Hello,world!"* と描くプログラム hello.py を示せ。

"Hello,world!" は，伝統的にプログラミング入門の例題としてよく使われる文字列です。図5.4 に，問題 5.1 の答えとなる hello.py プログラムのソースコードを示します。先の add.py の場合と同様，hello.py プログラムも 1 行のみから構成されるプログラムです。

```
print("Hello,world!")
```

図 5.4　hello.py プログラム

図 5.4 のプログラムは，hello.py という名称のファイルに格納することにします。エディタ等を用いて図 5.4 の通りにソースコードを記述してください。その後，ソースコードを格納したファイルのファイル名である hello.py を Python インタプリタに与えることで，プログラムを実行することができます。hello.py プログラムを実行すると，次のような出力を得ることができます。

```
Hello,world!
```

図 5.3 のプログラムで，**print** は**関数名**を表しています。Python における**関数 (function)** とは，あるひとまとまりの処理を行うプログラムの一部を意味します。上記は，あらかじめ Python のシステムに組み込んである print という名前の関数を呼び出すことを意味します。続くカッコ内には，実際に出力したい文字列を記述します。Python では，文字列は〃（ダブルクオート）や′（シングルクオート）で囲みます。ここでは，Hello,world!という文字列を「〃」で囲んでいます。

ここまでは 1 行のみからなるプログラムを示しました。Python のプログラムでは，もちろん，複数の行を記述することも可能です。各行は，先頭から順に 1 行ずつ実行されます。例えば，図 5.5 のプログラム hello2.py を実行すると，Hello,world!を 2 行出力します。

(1) hello2.pyプログラムのソースコード

```
print("Hello,world!")
print("Hello,world!")
```

(2) hello2.pyプログラムの実行結果

```
Hello,world!
Hello,world!
```

図 5.5　メッセージを 2 行出力するプログラム hello2.py

5.2.2　計算式の計算結果の出力

第 4 章で述べたように，プログラミング言語を用いると計算式を簡単に記述することができます。次の問題を見てください。

問題 5.2

$$5 \times 13 + 20 \div 2$$

の値を計算するプログラムを示せ。

上記の計算結果を出力するプログラム calc.py を図 5.6（1）に示します。実行すると，（2）のように計算結果である 75.0 を表示します。

（1）calc.pyプログラムのソースコード

```
print(5*13+20/2)
```

（2）calc.pyプログラムの実行結果

```
75.0
```

図 5.6　calc.py プログラム

5.3　入力と代入

　本節では，名前で指定できる記憶領域である変数の概念を紹介します。また，キーボードから数値などを読み込む入力の方法を示します。

5.3.1　変数の概念と代入

　CPU がメモリ上に数値を格納するには，メモリのアドレスを指定する必要がありました。プログラミング言語ではメモリのアドレスを用いる必要はなく，かわりに**変数 (variable)** を利用することができます。変数は，メモリ上の特定の記憶領域に値を格納するための仕組みであり，変数に与えられた名前である変数名を利用して，値を記録したり読み出したりすることができます。

　変数の使用方法を理解するために，次の問題を考えましょう。

問題 5.3

　2 つの変数 first と second を用意し，両者の和と積を出力するプログラム variable.py を示せ。ただし，first の値は 5 とし，second の値は 7 とせよ。

問題 5.3 に対応するプログラム variable.py を図 5.7 に示します。

（1）ソースコード

```
first = 5
second = 7
print(first, ",", second)
print(first, "+", second, "=",first + second)
print(first, "*", second, "=",first * second)
```

図 5.7-1　変数の使用方法を説明するためのプログラム variable.py

(2)実行結果

```
5  ,  7
5  +  7  =  12
5  *  7  =  35
```

図 5.7-2　変数の使用方法を説明するためのプログラム variable.py

variablie.py プログラムでは，問題に示された条件に従って，first と second という2つの変数が使われています。変数には値を書き込むことができます。例えば variable.py プログラムの1行目と2行目には，次のような記述があります。

```
first = 5
second = 7
```

これは，first に5を，second に7を書き込むという意味です。このような記述を**代入(assignment)** と呼びます。上記で記＝は「等しい」という意味ではなく，「右辺の値を左辺に代入する」という処理を意味します[1]。

　変数は，代入された値を保持します。そして，変数名を指定することで，変数が保持している値を読み出すことができます。この操作を変数の参照と呼びます。variable.py プログラムでは，3行目から5行目の print 関数の呼び出しによって，2つの変数に格納された値を出力したり，値を使った計算を行ったりしています。例えば3行目では，次のような記述により，変数 first と second の値を参照しています。

```
print(first, ",", second)
```

同様に4行目では，2つの変数 first と second の値を加算し，その結果を出力しています。

```
print(first, "+", second, "=",first + second)
```

5.3.2　入力

　プログラムの実行中にプログラムがデータを受け取る処理を入力と呼びます。ここでは，キーボードから数値を入力して計算を施すプログラムを示しましょう。

問題 5.4
　入力された整数を2倍および3倍するプログラム mult.py を示せ。

　図5.8に，入力された整数を2倍および3倍するプログラム mult.py のソースコードと実行例を示します。

1　詳しく言うと，右辺の値を計算し，その結果の値を左辺で指定された記憶領域に書き込むことを意味する。

（1）mult.pyのソースコード

```
data = int(input())
print(data * 2, "," , data * 3)
```

（2）mult.pyプログラムの実行例

> キーボードから4を入力

```
4
8 , 12
```

> mult.pyプログラムが 8 と 12 を出力

図 5.8　入力処理の例題プログラム mult.py

mult.py プログラムで，キーボードからの数値の入力を担当しているのは，1 行目の次の記述です（図 5.9）。

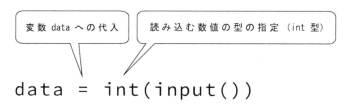

> 変数 data への代入

> 読み込む数値の型の指定（int 型）

```
data = int(input())
```

図 5.9　input 関数による数値の入力

この行は，システムにあらかじめ用意されている **input** 関数を呼び出すことで，変数 data に int 型の値を読み込むという処理を記述しています。input 関数は，キーボードから入力値を読み込む働きがあります。図 5.9 では，input 関数によって読み込んだ入力値を，int 関数を用いて int 型に変換して，指定された変数である data に格納しています。

　ここで int 型とは，Python における整数値を扱う型 (type) の名称です。Python では，整数を扱う int 型の他に，小数や指数を含んだ数を扱う float 型が用意されています。図 5.8 の mult.py プログラムでは，読み込んだ入力値を整数 (int) 型に限定して扱っています。このため，図 5.10 のように小数を与えると，プログラムはエラーで停止します。

小数を入力

エラーメッセージ
が出力される

```
C:¥Users¥odaka>python mult.py
0.5
Traceback (most recent call last):
  File "mult.py", line 1, in <module>
    data = int(input())
ValueError: invalid literal for int() with base 10
'0.5'

C:¥Users¥odaka>
```

図 5.10　mult.py プログラムに小数を与えた場合の挙動

　小数を扱えるようにするためには，mult.py プログラムを図 5.11 のように変更します。図 5.11 の multfloat.py プログラムでは，小数を含んだ数値を扱うことが可能です。

(1) multfloat.pyのソースコード

```
data = float(input())
print(data * 2, "," , data * 3)
```

(2) multfloat.pyプログラムの実行例

キーボードから 0.5 を入力

```
0.5
1.0 , 1.5
```

mult.pyプログラムが 1.0 と 1.5 を出力

図 5.11　小数を含む数値を扱えるプログラム multfloat.py

第5章のまとめ

・Python を用いたプログラム開発では，エディタを用いてソースコードを作成し，Python インタプリタを用いて実行する方法がある。
・ディスプレイに文字や数値を出力したり，キーボードから数値などを読み取ったりするには，プログラミング言語で用意されている入出力のための仕組みを用いる。
・変数とは，名前によって指定することのできる記憶領域である。変数には値を代入することができる。また，代入されている値を参照することができる。

章末問題

問題 1

みなさんの身近なコンピュータで，Python インタプリタの実行環境を用意してください。

問題 2

次のように文字列を出力するプログラム hello3.py を示してください。

```
Hello,world!
Thank you!
```

問題 3

次のように出力するプログラム calc2.py を示してください。

```
30*2+52/3= 77.33333333333333
```

問題 4

2 つの整数値を読み込んで，両者を掛け合わせるプログラム mult2.py を示してください。

実行例

```
2
3
6
```

手続き的処理（2）
条件判定と繰り返し処理

―この章のねらい―

本章では，プログラミング言語を用いて条件判定と繰り返し処理を記述する方法を説明します。前章の場合と同様に，機械語による表現と比較して，これらの記述方法は人間にとって格段に理解しやすいものです。

―この章で学ぶ項目―

6.1　条件分岐

　本節では，条件判定の方法を紹介します。条件判定にはさまざまな方法がありますが，ここでは **if 文**による条件判定を扱います。

6.1.1　条件判定の方法

　はじめに，条件判定の方法を説明します。図 6.1 に，条件判定文の一例を示します。これは，後で示す例題プログラムである if.py プログラムの一部です。

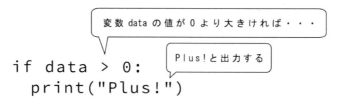

変数 data の値が 0 より大きければ・・・

Plus!と出力する

```
if data > 0:
    print("Plus!")
```

図 6.1　条件判定の方法（if.py プログラムの一部）

　図 6.1 では，if 文による条件判定の例を示しています。if という書き出しに続いて，条件判定の式を記述します。図の例では，変数 data の値が 0 より大きいという条件を，次のように記述しています。

```
data > 0
```

このように，条件判定は変数や定数，比較の記号などで構成します。Python における比較の記号を表 6.1 に示します[1]。

表 6.1　Python における比較の記号

記号	記述例	記述例の意味
>	a>0	a が 0 より大きい
<	a<0	a が 0 より小さい
==	a==0	a は 0 と等しい
>=	b>=10	b は 10 以上
<=	b<=10	b は 10 以下

　if 文では，条件が成立すると，その直後に置かれた文が実行されます。図 6.1 の例では，print 関数を呼び出して Plus!という文字列を出力します。Python の if 文において条件成立時に実行させる文は，空白 4 つを先頭に置いて段付けして配置します。図 6.1 では，print 関数を呼び出している行が，条件成立時に実行させる文となります。図 6.1 では条件成立時に実行させ

---

[1]　等しいかどうかの比較は"=="であり，"="ではない。条件判定において，"a==1 "と書くところを"a=1"と書くと，エラーとなってしまう。

る文は 1 行だけですが，空白 4 つを先頭に置いて段付けして配置することで，複数の行を順に実行させることも可能です。

　図 6.2 では，if に加えて **else** という記述方法を利用しています。この例では，変数 data が 0 より大きければ Plus!と出力し，そうでなければ else の後の print 関数によって Not plus!と出力します。このように，else は if とペアで用いることで，条件が成立した場合と成立しなかった場合の場合分けを記述することができます。

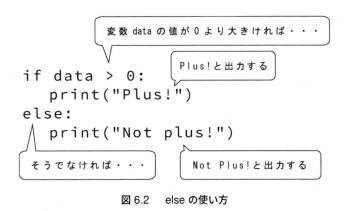

図 6.2　else の使い方

なお，if や else を先頭とする行では，行末に「:」が配置されていることに注意してください。この記号はコロンと呼びます。if や else を先頭とする行で行末にコロンを忘れると，Python インタプリタは構文を判断できず，エラーとなってしまいます。

6.1.2　条件判定を用いたプログラム

　それでは次に，条件判定を用いたプログラムの例を見ていきましょう。

問題 6.1
　入力された数値が正かどうかを判定するプログラムである if.py を示せ。

図 6.3 に，if.py プログラムを示します。if.py プログラムでは，input 関数により入力された値を図 6.2 と同様の if 文によって判定し，結果を出力します。

　if.py プログラムでは，プログラムの先頭に次のような記述が現れます。

```
# -*- coding: utf-8 -*-
```

この記述は，以降のプログラム内では「**utf-8**」という名称の文字コードを利用することを意味しています。文字コードとは，コンピュータ内部で文字を表現する方法のことです。ここで指定している utf-8 は，日本語で用いる漢字やひらがな，カタカナなどを表現することのできる文字コードです。if.py プログラムではプログラム内部で日本語を利用しているので，この記述が必要となります。

　2 行目から 4 行目には，次のような記述が続きます。

```
"""
if.pyプログラム
"""
```

これは，プログラムの説明を記述する文字列です。Python では，プログラムのソースコードの 2 行目以降にこのような記述を配置することで，プログラムの説明を記述することができます。この記述を **docstring**(ドックストリング，ドキュメント文字列などとも呼びます) といいます。docstring は，任意の文字列を，「"」または「'」を 3 つ連続して「"""」または「'''」で囲んで作成します。

(1)ソースコード

```
# -*- coding: utf-8 -*-
"""
if.py プログラム
"""

data = int(input())        # 整数値を読み込む
if data > 0:               # もし読み込んだ値が正なら
    print("Plus!")         # Plus!と出力
else:                      # そうでなければ
    print("Not plus!")     # Not Plus!と出力
```

(2)実行例　正の場合

(3)実行例　負の場合

図 6.3　if.py プログラム

さらに，プログラムの 5 行目以降に，「#」から始まる次のような文字列が配置されています。

```
# 整数値を読み込む
# もし読み込んだ値が正なら
```

これらは，**コメント (comment)**[2]と呼ばれる記述です。コメントは，アセンブラにおけるコメントと同様に，ソースコードに対して付加する注釈文です。ソースコードを読解する手助けとなるよう，プログラム作製者が書き加えます。コメントはプログラムの処理には全く関係しないので，自由に記述することができます。

　プログラミング言語によるソースコードは，機械語プログラムと比較すれば人間にとって読みやすいのですが，普通の文章と比べればやはり理解しにくいものです。そこで，ソースコードには適切な量の的確な内容のコメントを付加することが良いとされています[3]。if.py プログラムのコメントは量が多すぎるので適切とは言い難いのですが，コメントの付け方の説明となるようにわざと余分にコメントを付加してあります。

6.2　決められた回数の繰り返し

　ここでは，決められた回数だけ同様の処理を繰り返すための記述方法を紹介します。繰り返し処理はプログラムによる処理の基本であり，多くのプログラム言語で，繰り返し処理のための仕組みが備えられています。ここでは，Python で用いることのできる，for 文による決められた回数の繰り返し処理の記述方法を説明します。

6.2.1　決められた回数の繰り返し処理

　for 文を用いると，決められた回数の繰り返し処理を簡単に記述することができます。たとえば，Hello!と 10 回繰り返して出力するプログラムを作成することを考えます。この場合，次に示すように **for 文**を用いて記述することができます。

```
for i in range(10):
    print("Hello!")
```

　for 文による上記の記述は，図 6.4 に示すような意味を持っています。for 文は，for という書き出しに続いて繰り返し回数の制御のための変数などを記述します。図 6.4 の例では，変数 i を利用して繰り返しを制御します。変数名に続いて，「in range(10)」という記述が続きます。これは，変数 i の値を 0 から始めて 1 ずつ増やして，10 未満の間繰り返すことを意味します。

　これらの記述に続いて，次の行に繰り返し処理の本体となる文を記述します。図 6.4 では，print 関数により Hello!というメッセージを出力しています。繰り返し処理の本体部分は，if 文の場合と同様に，4 文字分の空白を先頭に置いて記述します。

2　　Python のコメントは，「#」から始まって行末までの部分である。

3　　最悪のコメントは，プログラムの内容と異なる誤った内容のコメントである。

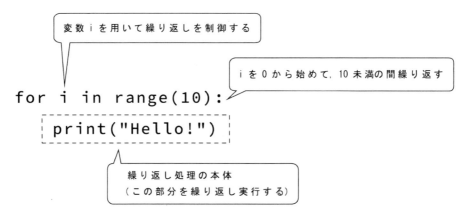

図 6.4　for 文による繰り返し処理の例

以上の記述に従って処理を進めると，print 関数による出力が 10 回繰り返されるので，Hello!
というメッセージが 10 個ディスプレイ上に出力されます。

6.2.2　繰り返し処理の例

　それでは，for 文による繰り返し処理を利用したプログラムを作成してみましょう。

問題 6.2
　　1 から 10 までの整数を出力するプログラムである print10.py を示せ。

図 6.5 に print10.py プログラムを示します。print10.py プログラムでは，for 文による繰り返
し処理を利用して，1 から 10 までの整数を 1 行に一つずつ出力します。
　print10.py プログラムでは，繰り返しの範囲を次のように指定しています。

```
in range (1, 11)
```

これは，初期値を 1 とし，11 未満の間，変数を 1 ずつ増やしながら繰り返す，ということを表
しています。

(1)ソースコード

```
# -*- coding: utf-8 -*-
"""
print10.py プログラム
1 から 10 までの 10 個の整数を出力します
"""

for i in range(1, 11):      # 1 から 11 未満まで繰り返す
    print(i)                # i の値を出力
```

(2)実行結果

```
1
2
3
4
5
6
7
8
9
10
```

図 6.5　print10.py プログラム

第6章のまとめ

・プログラミング言語を用いると，数式により条件判定を記述することができる。
・Python などのプログラム言語では，if 文を用いて条件判定を行うことができる。
・繰り返し処理はアルゴリズムの基本であり，多くのプログラム言語で繰り返し処理の仕組みが備えられている。
・Python では，決められた回数の繰り返し処理には for 文を用いるのが便利である。

章末問題

問題1

　入力された数値が負の場合に Minus!と出力し，それ以外の場合には Not minus!と出力するプログラム if2.py を示してください。

問題 2

　print10.py プログラムを改造して，1 から 10000 までの整数を出力するプログラムである print10000.py プログラムを作成してください。このプログラムを実行すると，10000 行の数値が出力されます。

第 **7** 章

手続き的処理（3）
さまざまな繰り返し処理

―この章のねらい―
　本章では，少し複雑な繰り返し処理を扱います。前章では繰り返し回数を指定した繰り返し処理の例を示しましたが，ここでは，あらかじめ回数を決めるのではなく，ある条件が満たされるまで繰り返すような繰り返し処理を紹介します。また，繰り返しの中に繰り返しを繰り込んだ，多重の繰り返し処理の例も示します。

―この章で学ぶ項目―
7.1　繰り返しの回数を指定しない繰り返し処理
7.2　多重の繰り返し

7.1　繰り返しの回数を指定しない繰り返し処理

　ここでは，Python の while 文を用いて，繰り返し回数を指定せずに繰り返しを行う方法を紹介します。

7.1.1　条件判定と繰り返し処理

　前章では，for 文を用いることで，繰り返し回数をあらかじめ設定して処理を行う方法を示しました。ここでは，繰り返し回数を指定するかわりに，ある条件が満たされるまで繰り返し処理を実施する方法を示します。こうした繰り返し処理の例として，次の問題を取り上げましょう。

問題 7.1

以下の関数 f(x) の値を，x が正の整数の場合について順に繰り返し計算して出力するプログラム function.py を作成せよ。ただし，f(x) の値が 100 を超えたら繰り返しを終了するようにせよ。

$$f(x) = x * x + x + 3$$

　問題 7.1 の求める出力結果は，次に示す表 7.1 のように順次計算を進めることで得ることができます。表 7.1 では，x という名前の変数を用意した上で，x の値を使って関数 f(x) の値を順次求めています。この x の値を 1 ずつ増やしていって，f(x) の値が 100 を超えたら計算を終了しています。終了の条件は f(x) の値により決められている点に注意してください。

表 7.1　function.py プログラムにおける処理の流れ

処理ステップ	処理内容	変数 x の値	f(x) の値
①	x=1	1	（未計算）
②	f(x) が 100 以下かどうか計算	1	5
③	f(x) の値を出力	1	5
④	x を 1 増やす	2	（未計算）
⑤	f(x) が 100 以下かどうか計算	2	9
⑥	f(x) の値を出力	2	9
⑦	x を 1 増やす	3	（未計算）
（以下，条件判定，出力，インクリメントを繰り返す）			
㉘	x を 1 増やす	10	（未計算）
㉙	f(x) が 100 を超えたかどうか計算	10	113
㉚	100 を超えたので繰り返しを終了する	10	113

　上記の処理では，変数 x を 1 に初期化した後に，関数の値の計算と条件判定，関数値の出力，それから x を 1 増やす作業が繰り返されています。表 7.1 のステップ番号でいうと，②③④がひとまとまりの処理であり，以降，これと同様の処理（⑤⑥⑦など）が繰り返されます。これらの処理は，1 つの繰り返し処理にまとめることができます。図 7.1 に，この繰り返し処理を，流れ

図を使って記述した例を示します。

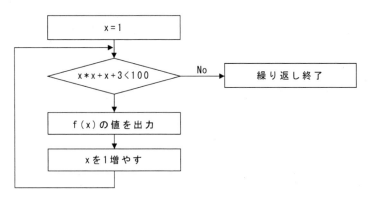

図 7.1　流れ図による繰り返し処理の記述

　図 7.1 のように，ある条件が満たされるまで繰り返し処理を行うようなプログラムの作成について，ここでは **while 文**を利用します。図 7.2 では，while 文により上記の繰り返し処理が記述されています。while 文では，while という書き出しに続いて，繰り返しを実行する条件が記述されています。for 文や if 文の場合と同様，while 文における処理の本体は，段付けによって示された 1 行以上の文です。図 7.2 の例では，print 関数の呼び出しと，変数 x のインクリメントの 2 つの処理を，段付けによって記述しています。

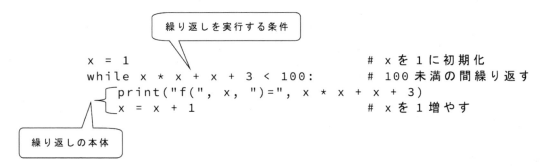

図 7.2　function.py プログラムの処理の中心部

　図 7.2 で，「x を 1 増やす」という処理は，次のように記述されています。

```
x = x + 1
```

　上記の代入文の意味は，「右辺の x+1 の値を計算してから，その結果を x に改めて格納しなおす」という意味です。つまり，右辺の計算をまず実施してから，その結果を左辺に代入します。数学の等式だと考えると "x=x+1" という式は矛盾していますが，プログラムにおける代入文と

しては，何ら矛盾を生じるものではありません[1]。

　図 7.2 の処理をプログラムとして完成させると，function.py プログラムを得ることができます（図 7.3）。function.py プログラムを実行すると，図 7.3（2）の実行結果のように「f(9)=93」まで計算を続け，x が 10 となった際に f(x) の値が 100 を超えて繰り返し処理を終了します。

(1) ソースコード

```
# -*- coding: utf-8 -*-
"""
function.py プログラム
関数 f(x)=x*x+x+3 について,
x が正の整数の場合について計算します
f(x)が 100 を超えたら終了します
"""

x = 1                            # x を 1 に初期化
while x * x + x + 3 < 100:       # 100 未満の間繰り返す
    print("f(", x, ")=", x * x + x + 3)
    x = x + 1                    # x を 1 増やす
```

(2) 実行結果

```
f( 1 )= 5
f( 2 )= 9
f( 3 )= 15
f( 4 )= 23
f( 5 )= 33
f( 6 )= 45
f( 7 )= 59
f( 8 )= 75
f( 9 )= 93
```

図 7.3　while 文を用いた繰り返し処理プログラム function.py

7.1.2　条件に基づく繰り返し

　条件判定に基づく繰り返し処理の別の例として，次のような問題を考えましょう。

問題 7.2

　1 から順番に整数の和を求めて表示する series1.py プログラムを作成せよ。ただし，和が 100 を超えたら処理を終了するようにせよ。

[1]　この代入が奇妙に見えるのは，代入という処理が，"右辺をまず計算してから左辺を変更する" という，時間的順序を伴った動的な記述であることに由来する。つまり 1 行の中に 2 ステップの処理を詰め込んでいる点に無理がある。もし，temp=x+1, x =temp と 2 文に分けて書けば，奇妙さは幾分緩和するであろう。

　問題7.2をプログラムとして実現するためには，1から順番に整数の和を求める方法を考えなければなりません。繰り返し処理を用いて先頭から順に値の和を求める計算は，次のように考えます。

　まず，和を保存するための変数を用意します。ここでは，sumという名前の変数を考え，変数sumに初期値を与えます。例えば1から順に和を求めるのであれば，sumに1を代入します。

```
sum = 1      # 1までの和
```

次に，2までの和を求めます。そのためには，1までの和にさらに2を加えます。

```
sum + 2      # 2までの和
```

上記の値は，どこかに保存しておかなければなりません。どこに保存してもいいのですが，実はsum変数そのものに保存することも可能です。そこで，次のような代入文を記述します。

```
sum = sum + 2    #  2までの和を変数sumに保存
```

さらに3までの和を求めるのであれば，続けて次の計算を行います。

```
sum = sum + 3    # 3までの和を変数sumに保存
```

以上を並べて書くと，次のようになります。

```
sum = 1      # 1までの和
sum = sum + 2    #  2までの和を変数sumに保存
sum = sum + 3    # 3までの和を変数sumに保存
・・・
```

上記の処理は，変数sumに加える値を1から順に変更しながら，代入を繰り返していることになります。そこで，下記のように変数sumと変数nの和として記述し，nを繰り返しによって変化させることで，同様の処理として記述することができます（ただしnは，繰り返し処理を用いて1から順に変更してゆく）。

```
sum = sum + n
```

　このような処理は，while文を使って次のように記述することができます（図7.4）。

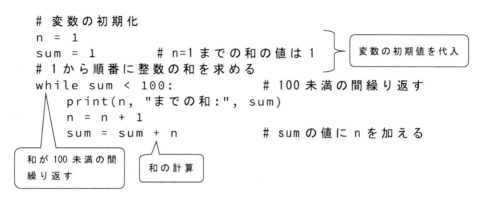

図 7.4　　while 文による和の計算

このように記述することで，変数 sum の値が 100 未満の間繰り返して和を求めることができます。図 7.4 をプログラムとして完成させると，series1.py プログラムができあがります。図 7.5 にソースコードと実行結果を示します。

(1)ソースコード

```python
# -*- coding: utf-8 -*-
"""
series1.py プログラム
1 から順番に整数の和を求めます
和が 100 を超えたら終了します
"""
# 変数の初期化
n = 1
sum = 1                          # n=1 までの和の値は 1
# 1 から順番に整数の和を求める
while sum < 100:                 # 100 未満の間繰り返す
    print(n, "までの和:", sum)
    n = n + 1
    sum = sum + n                # sum の値に n を加える
```

図 7.5-1　　series1.py プログラム

(2)実行結果

```
 1 までの和: 1
 2 までの和: 3
 3 までの和: 6
 4 までの和: 10
 5 までの和: 15
 6 までの和: 21
 7 までの和: 28
 8 までの和: 36
 9 までの和: 45
10 までの和: 55
11 までの和: 66
12 までの和: 78
13 までの和: 91
```

図 7.5-2　　series1.py プログラム

7.2　多重の繰り返し

　繰り返し処理の中に繰り返し処理を含むような処理は，さまざまなプログラムでよく見受けられます。ここでは，こうした多重の繰り返し処理の例を示します。

7.2.1　繰り返しの多重化

　繰り返し処理において，処理の本体部分にさらに繰り返し処理を記述するとどうなるでしょうか。例えば，図 7.6 のような処理を実行したとしましょう。

```
# -*- coding: utf-8 -*-
"""
for.py プログラム
多重の繰り返し処理の例題です
"""

for i in range(1,6):
    for j in range(1,4):
        print(i)
```

図 7.6　　for.py プログラム　　多重の繰り返し処理の例題

for.py プログラムは，変数 i についての繰り返し処理の内側に，変数 j についての繰り返し処理

が繰り込まれています[2]。すると，i が 1 から 5 まで変化する際，それぞれの i の値について，変数 j が 1 から 3 まで変化します。すると，すべての i に対して，j による繰り返し処理が 3 回ずつ実行されます。結果として，print 関数による変数 i の出力結果は，図 7.7 のようになります。

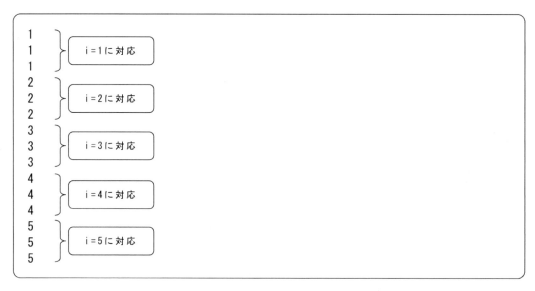

図 7.7　for.py プログラムの出力結果

7.2.2　多重の繰り返し処理によるプログラム

次に，多重の繰り返し処理を使って文字で図形を描くプログラムを作成してみましょう。

問題 7.3

下記のように，星印で三角形を描くプログラム printtri.py を作成せよ。

```
*
**
***
****
*****
******
*******
********
*********
**********
```

このプログラムでは，2 重の繰り返し処理を利用します。まず，10 行にわたって星印を出力す

2　つまり，2 重の繰り返し処理となっている。

るために，for 文を使って 10 回の繰り返し処理を記述します。次に i 番目の行では，繰り返し処理を利用して i 個の星印を印字します。

　以上の処理は，次のように記述することができます。図 7.8 にあるように，内側の for 文では，外側の繰り返し処理を制御する変数 i を使って，各行で i 個の星印を出力しています。

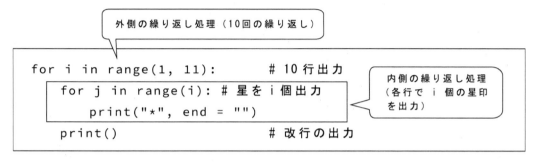

図 7.8　2 重の for 文による星印の出力

内側の繰り返し処理において，print 関数による星印の出力では，改行せずに続けて星印を出力する必要があります。このために，改行を無効とするために，「end=""」という記述を追加しています。これに対して 2 回目の print 関数の呼び出しでは，カッコの中に何も書いていません。これは何も出力しないという意味ではなく，改行だけを出力するという意味になります。

　図 7.8 の処理をプログラムとして完成させると，図 7.9 のようになります。

```
# -*- coding: utf-8 -*-
"""
printtri.py プログラム
星印で三角形を出力します
"""

for i in range(1, 11):      # 10 行出力
    for j in range(i):      # 星を i 個出力
        print("*", end = "")
    print()                 # 改行の出力
```

図 7.9　printtri.py プログラムのソースコード

第 7 章のまとめ

・繰り返し回数を直接指定せずに繰り返し処理を記述するには，繰り返しの終了条件を指定すればよい。
・Python では，for 文の他に，while 文を使って繰り返し処理を記述できる。
・一般にプログラミング言語によるプログラムでは，多重の繰り返し処理を容易に記述することができる。

章末問題

問題 1

　function.py プログラムを改造して，f(x) の値が 100000 を超えない間処理を続けるようにしてください。この場合，最後に出力される行はどうなりますか。

問題 2

　series1.py プログラムを改造して，整数の二乗和を求めるプログラムを作成するには，どこを変更すればよいでしょうか。

問題 3

　図 7.10 のような図形を出力するプログラムを作成してください。

```
**
****
******
********
**********
************
**************
****************
******************
********************
```

図 7.10　星印による図形の描画

コラム　繰り返し処理と並列化

　本章ではさまざまな繰り返し処理を扱いました。ノイマン型コンピュータでは，繰り返し処理を利用することで，複数のデータに対する処理を簡潔に記述することができます。例えば数百万点の画素情報から構成された画像データの処理も，繰り返し処理を用いれば簡単に記述できます。ただし，繰り返し回数が増えれば，処理にかかる時間は長くなり，処理速度は低下します。

　画像に対する処理等では，繰り返し処理のかわりに並列処理を適用することで処理速度を向上させることができる場合があります。画像の例でいえば，画像を構成する各点の処理を一つずつ順番に行うかわりに，まとめて複数の点を一度に処理するのが並列処理の考え方です。並列処理を行えば処理速度は向上しますが，当然，処理装置が複数必要になります。現在の IC 技術を用いると，1 つの IC に複数の処理装置を詰め込むことは比較的容易です。そこで現代の CPU では，複数の処理装置を利用して並列化を図ることが広く行われています。

## 第 8 章

例題演習（1）
数値計算

—この章のねらい—

　本章では，ここまでに学んだプログラミングの
知識を利用して，さまざまな工学分野で応用が可
能なプログラムを作成してみましょう。工学分野
での応用を念頭に置き，特に数値計算を中心に扱
います。

—この章で学ぶ項目—

8.1　数表の出力

8.2　数列の和による計算

8.1 数表の出力

はじめに計算処理プログラムの基礎として，与えられた計算式の値を順に求めるプログラムを考えましょう。

8.1.1 数表の計算

与えられた数式に従って値を計算するプログラムは，計算処理の基本です。問題 8.1 に，このような計算プログラムの例題を示します。

問題 8.1

1 から 100 までの整数について，その 2 乗と 3 乗の値を求めるとともに，それぞれの総和（$\sum n$, $\sum n^2$, $\sum n^3$）を求めるプログラム table.py を示せ。

問題 8.1 の table.py プログラムは，2 乗や 3 乗の値についての数表を作成するとともに，表の各列の和を求めて出力します。期待される出力結果の例を図 8.1 に示します。

```
     n          n*n          n*n*n
     1            1            1
     2            4            8
     3            9           27
             ・ ・ ・
    98         9604       941192
    99         9801       970299
   100        10000      1000000

sum
    5050       338350    25502500
```

図 8.1　問題 8.1 で要求される出力結果

table.py プログラムは，繰り返し処理を用いて記述することができます。問題にある 1 から 100 までの繰り返しを for 文を用いて表現すると，図 8.2 のようになります。ただし n は，繰り返しを制御するための変数です。

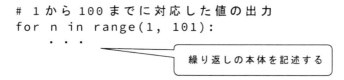

```
# 1 から 100 までに対応した値の出力
for n in range(1, 101):
    ・ ・ ・
```
繰り返しの本体を記述する

図 8.2　1 から 100 までの繰り返しを，for 文を用いて表現する

繰り返しの本体部分には，2乗と3乗の出力と，それぞれの総和の計算処理が必要です。これらは，図8.3のように記述することができます。ここで，sum，sum2 および sum3 は，それぞれの和を求めるための変数です。

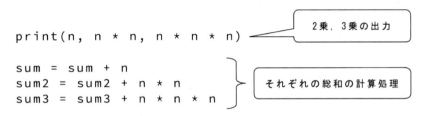

図8.3　2乗と3乗の出力と，それぞれの総和の計算処理（繰り返しの本体部分の処理）

以上，図8.2 と図8.3 の処理を組み合わせることで，table.py プログラムを作成することができます。

8.1.2　数表計算プログラム

図8.4 に，table.py プログラムを示します。table.py プログラムは，先に示した図8.2 と図8.3 のコードを組み合わせたプログラムです。

table.py プログラムを実行すると，図8.5 のように計算結果が出力されます。このままでは，数表と呼ぶのにはいささか形式が乱れています。実は，数値の出力を右揃えで整えることが可能です。その方法については，章末問題の問題1 を参照してください。

```
# -*- coding: utf-8 -*-
"""
table.py プログラム
数表を出力します
"""
# 変数の初期化
sum = 0
sum2 = 0
sum3 = 0

# 表のラベルの出力
print("n    n*n     n*n*n")

# 1 から 100 までに対応した値の出力
for n in range(1, 101):
    print(n, n * n, n * n * n)
    # 和の計算
    sum = sum + n
    sum2 = sum2 + n * n
    sum3 = sum3 + n * n * n

# 和の値の出力
print()
print("sum")
print(sum, sum2, sum3)
```

図 8.4　table.py プログラム

```
n    n*n     n*n*n
1 1 1
2 4 8
3 9 27
     . . .
99 9801 970299
100 10000 1000000

sum
5050 338350 25502500
```

図 8.5　table.py プログラムの出力結果（一部）

8.2 数列の和による計算

ここでは，繰り返し処理を用いて自然対数の底 e を計算するプログラムを取り上げます。このプログラムの手法は，さまざまな関数値を計算するプログラムに応用することができます。

8.2.1 自然対数の底

第 7 章では，繰り返し処理と代入処理を使って数列の和を求めるプログラムを示しました。ここでは，同様の処理によって，自然対数の底 e の値を求めるプログラムを作成します。

問題 8.2

マクローリン展開を用いて自然対数の底 e の値を求めるプログラム e.py を示せ。

$$e = 1 + \frac{1}{1!} + \frac{1}{2!} + \frac{1}{3!} + \dots$$

問題 8.2 の e.py プログラムは，繰り返し処理を用いて各項の値を計算し，それを逐次加えていく形式のプログラムとなります。図 8.6 に，基本的な考え方を示します。

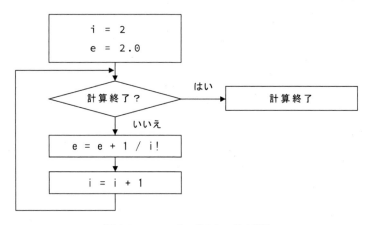

図 8.6　e.py プログラムの基本構造

図 8.6 では，階乗の計算がそのまま数式に書かれています。しかし Python では，階乗の計算に！ という記号を使うことはできません[1]。そこで，階乗の値を計算によって求める必要があるので，factorial という変数を別に用意して，繰り返し処理により i が増加するたびに factorial に i をかけてやることにします。こうすると，i が変化するにつれて対応する factorial の値が求まります（図 8.7）。

---

[1]　実は，階乗を求める関数である math.factorial() が，あらかじめシステムに用意されている。

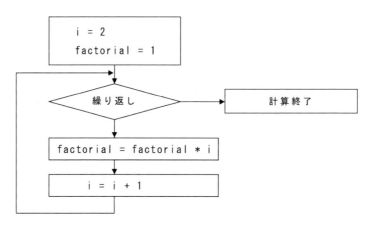

図 8.7　繰り返し処理による階乗の計算

　次に，図 8.6 における繰り返し終了の条件について考えます。終了条件として，例えば決められた回数の繰り返しを実施した後に終了する方法が考えられます。この方法では，十分な精度を持った答えを得るためには，あらかじめ繰り返し回数と計算結果の精度に関する関係を調べておく必要があります。

　別の方法として，繰り返し処理による e の値の変化の大きさに着目する方法があります。この方法では，繰り返し処理によって計算する項の値を調べて，e に加えられる項の値が一定値を下回ったら繰り返しを終了します。例えば，項の大きさが 0.00001 以下になったら繰り返し処理を終了するのであれば，while 文を用いて次のように記述することができます。

```
while 1.0 / factorial > 0.00001:
    # 変化が規定値より大きい間繰り返す
```

以上のような処理を組み合わせることで，e.py プログラムを構成することができます。

8.2.2 自然対数の底を計算するプログラム

図 8.8 に，e.py プログラムのソースコードと実行例を示します。

（1）e.pyのソースコード

```
# -*- coding: utf-8 -*-
"""
e.py プログラム
マクローリン展開により e の値を求めます
計算による値の変化が一定以下になったら終了します
"""
# 変数の初期化
i = 2
e = 2.0          # i=1 までの和の値は 2.0
factorial = 1  # 1!

#  i=2 から順番に数列の和を求める
while 1.0 / factorial > 0.00001:
    # 変化が規定値より大きい間繰り返す
    factorial = factorial * i
    e = e + 1.0 / factorial
    print("i=", i, "までの和：", e)
    i = i + 1
```

（2）e.pyの実行結果

```
i= 2 までの和： 2.5
i= 3 までの和： 2.6666666666666665
i= 4 までの和： 2.708333333333333
i= 5 までの和： 2.7166666666666663
i= 6 までの和： 2.7180555555555554
i= 7 までの和： 2.7182539682539684
i= 8 までの和： 2.71827876984127
i= 9 までの和： 2.7182815255731922
```

図 8.8　e.py プログラム

実行例から，10 項程度の和によって必要とされる精度の数値が求まっていることがわかります[2]。

2　自然対数の底 e の値は，e=2.7182818284590452... である

第8章のまとめ

・繰り返し処理や計算，代入処理などを組み合わせると，さまざまな数値計算プログラムを構成することができる。

・計算精度を考慮して繰り返し計算を行う場合には，繰り返し計算による計算値の変化量に着目して，繰り返し処理を制御することができる。

章末問題

問題 1

table.py プログラムの 21 行目を次のように変更すると，出力結果はどのように変わるでしょうか。

```
    print(n, n * n, n * n * n)
--->   print("{:7d} {:7d} {:7d}".format(n, n * n, n * n * n))
```

問題 2

arctan() をテイラー展開すると，次のようになります。

$$\arctan(x) = x - \frac{x^3}{3} + \frac{x^5}{5} - \frac{x^7}{7} + \ldots$$

x=1 とすると，上式は arctan(1) の計算式となり，結果として $\frac{\pi}{4}$ の値を計算する式となります。この式は，ライプニッツの公式と呼ばれています。

$$\arctan(1) = \frac{\pi}{4} = 1 - \frac{1}{3} + \frac{1}{5} - \frac{1}{7} + \ldots$$

この級数は極めて収束が悪いので，π の値の近似値を求めるには非常に多くの項を加え合わせる必要があります。それを承知の上で，上式によって π を求めるプログラムを作成してください。

第**9**章

関数の利用

―この章のねらい―

本章では，Python における関数を例として，プログラミング言語における分割統治法の概念を説明します。分割統治法とは，規模の大きなプログラムを分割して，小さなプログラムの集まりとして扱うことを意味します。ここでは特に，Python における関数の構成方法と利用例を通して，分割統治法の実践方法を紹介します。

―この章で学ぶ項目―

9.1　分割統治法の概念
9.2　関数の利用

9.1　分割統治法の概念

ここでは，分割統治法の概念を使って，大規模なプログラムを分割して開発する方法について説明します。

9.1.1　プログラムの分割

本書でここまで説明したプログラム例題はいずれも，ソースコードの行数で言って数十行程度の，ごく規模の小さいものばかりでした。ここではもう少し規模を大きくして，それ以上の行数となるようなプログラムを作成する場合を考えます。

規模の大きなプログラムの作成においても，原理的には，これまで同様に必要な処理を 1 つのプログラムとしてまとめて記述することが可能です。実際，この方法でも 100 行程度のプログラムであれば作成することができるでしょう。しかし，さらに規模の大きなプログラムを作成しようとするとどうでしょうか。

この場合には，プログラム内部の処理が互いにどのような関係になっているのかが把握しづらくなり，プログラム全体の構造をつかむことが困難になってきます。また，規模が拡大するにつれて，一般に変数の数も増えてゆきます。すると，数多くの変数がそれぞれどのような役割を果たすのか，また，ある部分に関係する変数がどれなのかを管理することが困難になります。このように，処理と変数の両方とも，規模の拡大によってその扱いが困難になってゆきます。

そこで，プログラム全体をひとまとめに扱うのではなく，あるまとまりごとに各部分を独立させて，それを全体として統括するような仕組みが必要になります。これが**分割統治法**の概念です（図 9.1）。

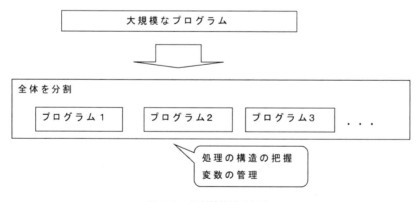

図 9.1　分割統治法の概念

プログラミング言語には，分割統治法を支援するさまざまな仕組みが備えられています。例えば Python では，関数を使ってプログラムの分割を行うことができます[1]。以下では，関数を利用したプログラミングについて説明します。

1　Python では，関数の他に，オブジェクトやモジュールを使った分割統治も可能である。

9.1.2 大規模プログラムの開発方法

分割統治法の手法を利用してプログラムを作成すれば，大規模なプログラムの開発が可能になります。しかし，プログラムを分割しても，プログラム全体の分量が小さくなるわけではありません。むしろ，プログラム全体の分量は増加するのが普通です。このため，大規模なプログラムの開発には多くの労力が必要となります。一般に，大規模なプログラムの開発は一人で行うことはできず，複数人でチームを作って開発を進める必要があります[2]。

チームでプログラムを開発する際には，開発チーム内で開発対象に関する情報を共有し，統一性のあるプログラム開発を進めなければなりません。このためには，プログラムの情報をドキュメントとして正確にまとめるととともに，チーム全体で統一された開発過程を進める必要があります。

プログラム開発の過程は，プログラムのライフサイクルと呼ばれます。これについては，第15章で改めて取り上げます。

9.2 関数の利用

ここでは，Python の関数について，関数の作成方法や利用方法を説明します。

9.2.1 関数の作成と利用

Python では，さまざまな関数が用意されています。すでに説明したように，print 関数や input 関数などの関数はシステムにあらかじめ用意されており，プログラム作成にあたって適宜呼び出して利用することができます。

こうした関数と同じような関数を，プログラム作成の際に自分で作ることができます。関数を自作してプログラムを分割することで，分割統治法を実践します。

自分で関数を作成するプログラミング例題として，次の問題 9.1 を考えましょう。

問題 9.1

以下の関数 $f_1(x)$ と $f_2(x)$ について，$x=1,2,\ldots,100$ の場合の値を計算するプログラム table2.py を作成せよ。

$$f_1(x) = x^3 + x^2 + x$$
$$f_2(x) = \frac{1}{x^3} + \frac{1}{x^2} + \frac{1}{x}$$

---

table2.py プログラムは，第8章で扱った table.py プログラムと同様にして記述することができます。すなわち，変数 i を用意して，for 文による繰り返しを次のように記述します。

2　プログラムの規模や開発内容，開発手法などによってさまざまだが，数人から数十人，あるいはそれ以上で1つのプログラムを開発する場合もある。

```
for i in range(1, 101):
    関数f1(i)と関数f2(i)の，計算および出力
```

ここで，f1(i) と f2(i) の値を求める際に，Python における関数の仕組みを使いましょう。実は，このぐらいの計算であれば関数化しなくても記述可能です。しかし関数を使うことで，プログラムの書きやすさや読みやすさが格段に改善します。

それぞれの関数名を f1 および f2 としましょう。例として，まず関数 f1 を記述します。図 9.2 に，関数 f1 の記述例を示します。

```
# f1()関数
def f1(i):
    """3乗，2乗，1乗の和"""
    i2 = i * i # iの2乗
    i3 = i2 * i # iの3乗
    return i3 + i2 + i
# f1()関数の終わり
```

図 9.2　関数 f1 の記述例

図 9.3 にあるように，関数の記述は下記のような形式を取ります。まず関数の書き出しには，「def」というキーワードを置きます。続いて関数名「f1」を示し，その後で関数の受け取る引数を格納する変数名として「i」を記述しています。

関数の本体には，計算処理や入出力処理などが記述されます。関数の本体は，4 文字分字下げ（インデント）してまとまりを表し，最後に return という書き出しに続いて数式を記述すると，その計算結果の値が呼び出し側に戻されます。

```
def f1(i):
```

```
関数の本体

return 関数の返す値
```

図 9.3　関数の記述形式

f1 関数では，関数の本体で i の 2 乗と 3 乗を計算し，return の後に和の計算式を配置することで，問題に求められた計算を実施しています。table2.py プログラムを作成するには，これと同様に f2 関数を記述して，関数を呼び出すメイン実行部とともに 1 つのファイルに格納します。

table2.py プログラムでは，メイン実行部から f1 関数と f2 関数が呼び出されるので，f1 関数と f2 関数はメイン実行部の下請け処理を担当することになります。この様子を図で示すと，図 9.4 のようになります。

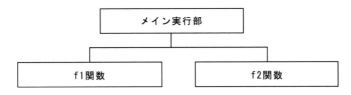

図 9.4　table2.py プログラムにおける関数の呼び出し関係

　以上の準備をもとに作成した table2.py プログラムを，図 9.5 に示します。関数を利用したことにより，プログラムの見通しが良くなります。また，後でプログラムを読みなおして関数の計算式を変更したりする際にも，変更操作が容易になります。これを「プログラムの保守性の向上」といいます。

```python
# -*- coding: utf-8 -*-
"""
table2.py プログラム
関数を使って数表を出力します
"""
# 下請け関数の定義
# f1()関数
def f1(i):
    """3乗，2乗，1乗の和"""
    i2 = i * i  # iの2乗
    i3 = i2 * i  # iの3乗
    return i3 + i2 + i
# f1()関数の終わり

# f2()関数
def f2(i):
    """逆数，逆数の2乗，逆数の3乗の和"""
    ii = 1.0 / i  # 逆数
    ii2 = ii * ii  # 逆数の2乗
    ii3 = ii2 * ii# 逆数の3乗*
    return ii3 + ii2 + ii
# f2()関数の終わり

# メイン実行部
# 表のラベルの出力
print("i¥tf1(i)¥tf2(i)")

# 1から100までに対応した値の出力
for i in range(1, 101):
    print(i, "¥t", f1(i), "¥t", f2(i))
```

図 9.5　自分で関数を作成して利用するプログラム例　table2.py

table2.py プログラムの実行結果を図 9.6 に示します。

```
i        f1(i)   f2(i)
1        3       3.0
2        14      0.875
3        39      0.48148148148148145
4        84      0.328125
5        155     0.24800000000000003
6        258     0.19907407407407407
  . . .
```

図 9.6　table2.py プログラムの実行結果（一部）

9.2.2　関数を利用したプログラミング

次に，別の例題を使って関数の利用方法を検討しましょう。問題 9.2 は，数値積分の例題です。

問題 9.2

　下記の公式（台形公式）を用いて，関数 $f(x)$ を区間 0～1 で数値積分するプログラム integral.py を示せ。

$$\int f(x)\,dx = (\frac{f(x_0)}{2} + f(x_1) + f(x_2) + \ldots + f(x_{n-1}) + \frac{f(x_n)}{2}) \times h$$

ただし，h は刻み幅であり，区間幅が 1 であれば，

$$h = \frac{1}{h}$$

である。

なお，関数 $f(x)$ として，

$$f(x) = x^2$$

$$f(x) = \frac{1}{x+1}$$

などを試してみよ。

---

integral.py プログラムを作成する際，被積分関数に応じてプログラムを修正する必要があります。そこで，被積分関数の計算部分を Python の関数として表現することで，プログラム全体の構造を明確化します。あとは，問題中に示された台形公式を用いて，繰り返し処理を用いて積分値を計算します。この考え方に従うと，プログラムの骨格はおおむね図 9.7 のようになります。

```
fx 関数
    被積分関数（$x^2$ 等）の計算
```

```
# メイン実行部
  # 積分値を格納する変数 integral の初期化
  integral = fx(0.0)/2.0  # f(x0)
  # for 文による繰り返し
  for i in range (1,N):# 中間部の和
     integral = integral + fx(i / N)
  integral = integral + fx(1.0)/2.0  # f(xn)
  integral = integral / N  # h 倍
```

図 9.7　integral.py プログラムの構造

図 9.7 に従って，実際にプログラムを作成した例を図 9.8 に示します。

(1) integral.pyプログラムのソースコード

```
# -*- coding: utf-8 -*-
"""
integral.py プログラム
数値積分のプログラム
台形公式を用いて関数 f(x)を区間 0-1 で数値積分します
"""

# 定数
N = 10000 # 区間の分割数

# 下請け関数の定義
# f1()関数
def fx(x):
    """被積分関数"""
    return x * x
# fx()関数の終わり

# メイン実行部
# 変数の初期化
integral = fx(0.0)/2.0  # f(x0)

# 積分値の計算
for i in range (1,N):# 中間部の和
    integral = integral + fx(i / N)
integral = integral + fx(1.0)/2.0  # f(xn)
integral = integral / N  # h倍

# 結果の出力
print(integral)
```

(2) integral.pyプログラムの実行結果

```
0.3333333349999983
```

図 9.8　　integral.py プログラム

なお，図 9.8 で，下請け関数の定義の前に次のような記述があります。

```
# 定数
N = 10000 # 区間の分割数
```

　これは，N という変数が，以下では 10000 という数を表すことを定義した表現です。この例のように，Python では大文字の変数によって，プログラム全体で利用される定数を定義する習慣があります。ここでは，区間の分割数を N と定義することで，プログラム先頭の N の定義

を書き換えるだけでプログラム内の分割数に関連する部分を一括して変更できるようにしています。

第9章のまとめ

・プログラム言語を用いたソフトウェア作成においては，分割統治法に従って，小さなプログラムの積み重ねで大きなプログラムを作成する。
・Python では，関数を使って分割統治を実現することができる。

章末問題

問題 1

　integral.py プログラムにおいて，fx 関数の処理を直接メイン実行部の内部に書き込むことで，関数定義の記述を削除してみてください。

問題 2

　integral.py プログラムを改造して，$\frac{1}{(x+1)}$ を区間 0〜1 で数値積分するように変更してください。

第**10**章

リスト

―この章のねらい―
　本章では，構造を持ったデータの例として，リストを扱います。はじめに，リストの基本的な使い方についてプログラム例を示して説明します。次に，繰り返し処理を使ってリストを扱う方法を説明します。

10.1　リストとは

　本節では，構造を持ったデータであるリストについて，その基本的な記述方法と取り扱い方を示します。

10.1.1　リストとは

　リストは，コンピュータのメモリを抽象化したデータ構造です。変数の集まりであり，個々の変数はアドレスを表す数値で区別されています。

　図 10.1 にリストの例を示します。図では，ary という名前のリストが示されています。ary リストは実際には 3 つの変数の集まりであり，それぞれ ary[0]，ary[1] および ary[2] という名称の要素です。リストの各要素を区別するための数値を**添字（インデックス，index）**と呼びます。

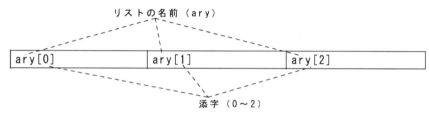

図 10.1　リストの例（3 つの要素からなるリスト ary）

　リストの各要素は，これまで扱ってきた普通の変数と同様に用いることができます。例えば図 10.2 の例にあるように，リスト変数の初期化や，値の読み出し，代入などを行うことができます。

　図 10.2（1）は，リスト変数定義の例です。リスト変数の初期化では，リストの名前に対して構成要素をカッコ [ ] でくくって与えます。ここでは，要素が 3 つの小さなリストである vector を定義しています。Python のリストは，添字が 0 から始まると決められているので，リスト vector は，vector[0]，vector[1] および vector[2] の，3 つの要素からなるリストです。なお，要素数の上限は使えるメモリの量で決まります。

　図 10.2（2）は代入の記述例です。この例では，先頭要素の vector[0] に数値の 1 を代入しています。同様に（3）では，2 番目の要素である vector[1] や 3 番目の要素である vector[2] に値を代入しています。これらの代入においては，右辺でリストの要素の値を利用しています。（4）は，リストの要素に格納された値を出力する例です。

(1) リストの初期化例

```
vector = [0, 1, 2]  # 3要素のリスト
```

(2) 代入の例

```
vector[0] = 1
```

(3) 計算と代入の例

```
vector[1] = vector[1] + 5
vector[2] = vector[2] * vector[2]
```

(4) 値の出力（print関数による値の出力）

```
print(vector)
```

図 10.2　リストの利用例

10.1.2　リストの利用

　リストを使ったプログラム例を示します。図 10.3 の vector.py プログラムを見てください。このプログラムは，3 つの要素からなるリスト vector を利用する例を示しています。vector.py プログラムでは，リストの要素への代入や print 関数を用いた値の出力，また，リストの各要素を用いた計算の例を示しています。

　vector.py プログラムの実行結果を，図 10.4 に示します。図に示すように，リストに対する処理は，通常の変数に対する処理と同様に行うことができます。

```python
# -*- coding: utf-8 -*-
"""
vector.py プログラム
リストの利用例
"""
# メイン実行部
# 変数の初期化
vector = [0, 0, 0]  # 3要素のリスト

# 代入
vector[0] =    1
vector[1] =   30
vector[2] = 1000

# 値の出力
print(vector)

# 計算
vector[0] = vector[0] + 5
vector[1] = vector[1] + 5
vector[2] = vector[2] + 5

# 値の出力
print(vector)

# 計算
vector[0] = vector[0] * vector[0]
vector[1] = vector[1] * vector[1]
vector[2] = vector[2] * vector[2]

# 値の出力
print(vector)
```

図 10.3　リストの利用例　vector.py

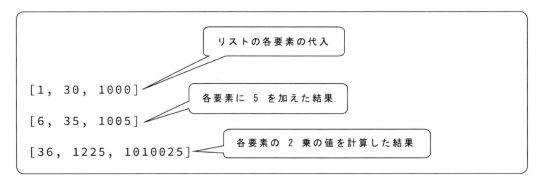

図 10.4　vector.py プログラムの実行結果

10.2　リストと繰り返し処理

　リストを用いた処理は，複数の数値に対して同様の処理を繰り返す場合に有用です。ここでは，繰り返し処理を用いたリスト操作について説明します。

10.2.1　繰り返し処理によるリストの操作

　リストの要素は添字で区別されます。そこで，繰り返し処理を用いて添字を変化させることで，リストに対する処理を簡単に記述することができます。例えば，先の vector.py プログラムの例で，各要素に 5 を加える処理を次のように記述しました。

```
# 計算
vector[0] = vector[0] + 5
vector[1] = vector[1] + 5
vector[2] = vector[2] + 5
```

　この処理は，実は繰り返し処理を用いて次のように記述することができます。下記では，for 文を用いて変数 i の値を 0 から 2 まで変化させ，リストの各要素 vector[0]，vector[1] および vector[2] に対する計算を行っています。

```
# 計算
for i in range(3):
    vector[i] = vector[i] +5
```

この例は高々 3 つの要素に対する計算ですから，繰り返し処理を用いなくても記述は容易です。しかし，要素数が 10 個，20 個，あるいはそれ以上あったとしたら，繰り返し処理を用いなければプログラムを書くことは困難です。

　代入や計算以外の場合でも，リストに対する繰り返し処理は有用です。例えば，次のような値の出力を考えます。

```
# 値の出力
print(vector[0])
print(vector[1])
print(vector[2])
```

この場合も同様に，次のようにして繰り返し処理を用いることができます。先の例と同様，要素の個数が多くなっても，この方法を用いれば容易です[1]。

```
# 値の出力
for i in range(3):
print(vector[i])
```

1　例えば 10 万個の要素を出力する場合でも，for 文の書き出しを「for i in range(100000):」に変更するだけでよい。

以上のように，リストの操作と繰り返し処理をうまく組み合わせることで，多くのデータに対する処理を効率よく記述することができます。

10.2.2　リストと繰り返し処理の例題プログラム

リストと繰り返し処理の例題プログラムとして，次の問題を考えましょう。

問題 10.1

あらかじめ与えられた 10 次元のベクトルについて，キーボードから定数を読み込んで繰り返し定数倍するプログラム vector2.py を示せ。なお，10 次元のベクトルとして次のものを用いよ。

(3,1,4,1,5,9,2,6,5,3)

問題 10.1 に対応するプログラム vector2.py の実行例を，図 10.5 に示します。図 10.5 では，最初にキーボードから 2 を入力しており，その結果として，ベクトルの各要素が 2 倍されています。その次は 10 が，最後は 5 と入力されて，各要素がそれぞれ 10 倍および 5 倍されています。なお，プログラムは 0 を入力すると終了します。

```
2
[6, 2, 8, 2, 10, 18, 4, 12, 10, 6]
10
[60, 20, 80, 20, 100, 180, 40, 120, 100, 60]
5
[300, 100, 400, 100, 500, 900, 200, 600, 500, 300]
```

図 10.5　vector2.py の実行例

vector2.py プログラムは，繰り返し処理を用いると簡単に記述することができます。リストの各要素の定数倍は，次のように記述します。

```
# 定数倍の計算
for i in range(10):
    vector[i] = vector[i] * k
```

ここで k は，キーボードから読み込む定数です。問題では，k を繰り返しキーボードから読み込む必要があります。キーボードから値を読み込むには input 関数を用います。

以上の処理を組み合わせると，vector2.py を完成させることができます。図 10.6 に，vector2.py プログラムを示します。

```
# -*- coding: utf-8 -*-
"""
vector2.py プログラム
ベクトルの定数倍
"""
# メイン実行部
# 変数の初期化
vector = [3,1,4,1,5,9,2,6,5,3]  # 10要素のリスト

# 入力と計算の繰り返し
k = int(input()) # 定数の入力
while(k != 0):# 0が入力されるまで繰り返し
    # 定数倍の計算
    for i in range(10):
        vector[i] = vector[i] * k
    # 値の出力
    print(vector)
    # 次の定数の入力
    k = int(input())
```

図 10.6　vector2.py プログラム

第10章のまとめ

・リストは変数の集まりであり，添字で個々の要素を区別することができるデータ構造である。
・リストの処理は，繰り返し処理とともに用いると有用である。

章末問題

問題1

　繰り返し処理を用いて vector.py プログラムと同様の処理を行うプログラムを作成してください。

問題2

　下記のリスト vector について，すべての要素の2乗を計算して，それらを合計した値を出力するプログラム vector3.py を作成してください。

```
vector = [3,1,4,1,5,9,2,6,5,3]  # 10要素のリスト
```

例題演習（2）
統計処理・
連立一次方程式

—この章のねらい—

　本章では，これまで学んだ知識を使って，基本的な統計処理プログラムや連立一次方程式の数値計算プログラムなどを構成します。これらの例題演習は，工学の多くの分野における，ある程度実用的なデータ処理プログラムを構成する際の基礎的な考え方を含んでいます。

—この章で学ぶ項目—

11.1　基本的な統計処理

本節では，平均や分散といった基本的な統計処理プログラムの構成について扱います。このプログラムは，データを一つずつ読み込んでは処理を施すという，データ処理の基本的な処理パターンによって構成されます。

11.1.1　平均，偏差，分散

はじめに，平均や分散といった，基本的な統計値を計算する方法を考えましょう。平均 μ や分散 σ^2 は，次の式で計算することができます。ただし，x_i は i 番目のデータであり，N はデータの個数です。

$$\mu = \frac{\sum x_i}{N}$$
$$\sigma^2 = \frac{\sum (x_i - \mu)^2}{N}$$

この計算をプログラムとして実装するためには，データを一つずつ読み込んでリストに格納するとともに，それらの和を求める必要があります。その上で平均値を求め，さらに，平均値を使って分散を計算します。

そこではじめに準備として，いくつかの数値を読み込んでリストに格納していくプログラムを考えます。

問題 11.1

いくつかの数値を読み込んでリストに格納し，入力が終わったら，入力された数値の個数と各数値の値を以下の図 11.1 のように出力するプログラム input.py を作成せよ。

```
2
7
1
8
2
8

入力されたデータの個数： 6
入力されたデータの内訳： [2.0, 7.0, 1.0, 8.0, 2.0, 8.0]
```

図 11.1　input. プログラムの動作例

問題 11.1 では，数値を繰り返し読み取る必要があります。第 10 章では，0 が入力されるまで繰り返し数値を読み込む例題を示しました。ここでは，0 を含めて数値を繰り返し入力するため

に，次のような枠組みを利用します。

```
# データの入力
while True :                    # 数値以外が入力されるまで繰り返す
    try:
        data = float(input())
    except ValueError:      #入力終了
        break
    （処理の本体）
```

上記では，「while True」という繰り返し指定によって，無限ループ[1]を構成しています。続く「**try:**」および「**data=float(input())**」でデータを読み込みます。もし読み込んだ値が数値でない場合には「**ValueError**」というエラーが発生するので，この場合には続く「**break**」によって繰り返しを打ち切ります。読み込んだ値が数値の場合には，処理の本体を実行します。

以上の考え方で構成した input.py プログラムのソースコードを，図 11.2 に示します。

```
# -*- coding: utf-8 -*-
"""
input.py プログラム
データ読み込みの例題プログラム
"""
# メイン実行部
# 変数の初期化
x = []   # 空のリスト
n = 0    # データ数

# データの入力
while True : # 数値以外が入力されるまで繰り返す
    try:
        data = float(input())
    except ValueError:      #入力終了
        break
    x.append(data)          # リストへの要素の追加
    n = n + 1               # データ個数の数え上げ

# 結果の出力
print("入力されたデータの個数:", n)
print("入力されたデータの内訳 :", x)
```

図 11.2   input.py プログラムのソースコード

input.py プログラムでは，データ入力の繰り返し処理において，次のような記述を利用しています。

---

1   実際には break によってループを終了するため，本当の意味の無限ループではない。

```
    x.append(data)          # リストへの要素の追加
```

これは，x というリストに対して，入力された data という数値を要素として追加する処理を表します。これにより読み込んだ数値がリスト x に順次追加されてゆきます。

　数値以外の値が入力されて while の繰り返しが終了すると，最後の 2 行の print 関数により，データの個数と内訳が出力されます。入力終了時の値は，数値以外なら何でもいいので，例えば何も入れずに Enter だけを入力すると，入力終了となります。

11.1.2　統計処理プログラム

　前項の input.py プログラムにおける考え方を利用して，簡単な統計計算を行うプログラムを作成してみましょう。

問題 11.2

　いくつかの数値を読み込み，それらの個数，合計値，平均値および分散値を出力するプログラム stat.py を示せ。

---

stat.py プログラムは，先に示した input.py プログラムを拡張することで構成できます。すなわち，図 11.3 に示すような手順で処理を進めることで，問題で要求された数値を計算します。

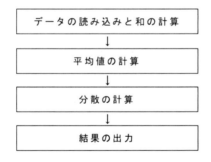

図 11.3　　stat.py プログラムの処理手順

　図 11.3 にあるように，stat.py プログラムでは最初にデータの読み込みと和の計算を行います。input.py プログラムの記述を次に示すように拡張することで，読み込みと和の計算を同時に行います。

```
# データの入力
while True :                 # 数値以外が入力されるまで繰り返す
    try:
        data = float(input())
    except ValueError:       #入力終了
        break
    x.append(data)           # リストへの要素の追加
```

```
    sum = sum + data        # 和の計算
    n = n + 1               # データ個数の数え上げ
```

　和とデータ個数が求まれば，平均値の計算は容易です。すなわち次にように，総合計 sum をデータ個数 n で割るだけです。

```
# 平均値の計算
average = sum / n
```

　分散の計算は，平均値 average と各データ x[i] を用いて，先に示した公式に基づいて次のように行います。

```
variance = 0.0 # 分散

# 分散の計算
for i in range (n):
    variance = variance + (x[i] - average) * (x[i] - average)
variance = variance / n
```

　以上のコードを組み合わせると，stat.py プログラムができあがります。図 11.4 に，stat.py プログラムのソースコードを，図 11.5 に実行例を示します。図では 5 個のデータを入力して，総合計と平均，および分散を求めています。

```
# -*- coding: utf-8 -*-
"""
stat.py プログラム
基本的な統計計算プログラム
"""
# メイン実行部
# 変数の初期化
x = []          # 入力データ
n = 0           # データ数
sum = 0.0       # 和
variance = 0.0  # 分散

# データの入力
while True :              # 数値以外が入力されるまで繰り返す
    try:
        data = float(input())
    except ValueError:       #入力終了
        break
    x.append(data)       # リストへの要素の追加
    sum = sum + data     # 和の計算
    n = n + 1            # データ個数の数え上げ

# 平均値の計算
average = sum / n

# 分散の計算
for i in range (n):
    variance = variance + (x[i] - average) * (x[i] - average)
variance = variance / n

# 結果の出力
print("n=", n, "sum=", sum)
print("average=", average, "variance=", variance)
```

図 11.4　　　　stat.py プログラムのソースコード

```
2.5
3.5
1.2
5.5
9.1

n= 5 sum= 21.799999999999997
average= 4.359999999999999 variance= 7.5904
```

図 11.5　　　stat.py プログラムの実行例

11.2 連立一次方程式の解法

　本節では，連立一次方程式を解くプログラムを構成します。この例題プログラムでは，リストの各要素がリストとなる 2 次元のリストを利用します。2 次元のリストは，工学のさまざまな分野で利用される行列を表現するのに有効なデータ構造です。

11.2.1 ガウスの消去法のアルゴリズム

　プログラムの構成に先立って，連立一次方程式を解くアルゴリズムを説明します。ここでは，**ガウスの消去法**という方法で方程式を解くことにしましょう。ガウスの消去法は，**前進消去**と**後退代入**という 2 つの手続きから構成されるアルゴリズムです。具体的な方程式を例に取り上げて，前進消去と後退代入の手続きを説明しましょう。

　例として，次の 3 元連立一次方程式を考えることにしましょう。

$$\begin{cases} 3x_1 + 2x_2 + 4x_3 = \frac{37}{2} \\ 2x_1 + 3x_2 + 6x_3 = \frac{53}{2} \\ x_1 + 3x_2 + 2x_3 = 12 \end{cases}$$

上記の方程式に対し計算操作を加えますが，計算の過程では係数と式の右辺の値だけあれば十分です。そこで，これらの値を行列の形式で下記のように記述します。この行列を**拡大係数行列**と呼びます。

$$\begin{pmatrix} 3 & 2 & 4 & \frac{37}{2} \\ 2 & 3 & 6 & \frac{53}{2} \\ 1 & 3 & 2 & 12 \end{pmatrix}$$

　上記の拡大係数行列に対して，前進消去と交代代入の操作を加えます。まず，前進消去では，順に係数の値を消去してゆきます。最初に，1 行目の方程式の各項を 3 で割ることで，1 行目の x_1 の係数を 1 にします。

$$\begin{pmatrix} 1 & \frac{2}{3} & \frac{4}{3} & \frac{37}{6} \\ 2 & 3 & 6 & \frac{53}{2} \\ 1 & 3 & 2 & 12 \end{pmatrix}$$

次に，2 行目と 3 行目の x_1 の係数を 0 にすることを考えます。このために，1 行目を 2 倍して 2 行目から引き，また，1 行目を 1 倍して 3 行目から引きます。これにより，2 行目と 3 行目の x_1 の係数が 0 になります。

$$\begin{pmatrix} 1 & \frac{2}{3} & \frac{4}{3} & \frac{37}{6} \\ 0 & \frac{5}{3} & \frac{10}{3} & \frac{85}{6} \\ 0 & \frac{7}{3} & \frac{2}{3} & \frac{35}{6} \end{pmatrix}$$

今度は 2 行目に進み，x_2 の係数を 1 にするために，各項を $\frac{5}{3}$ で割ります。

$$\begin{pmatrix} 1 & \frac{2}{3} & \frac{4}{3} & \frac{37}{6} \\ 0 & 1 & 2 & \frac{17}{2} \\ 0 & \frac{7}{3} & \frac{2}{3} & \frac{35}{6} \end{pmatrix}$$

次は，先の例と同様に 3 行目の x_2 の係数を 0 にするために，2 行目を $\frac{7}{3}$ 倍して 3 行目から引きます。

$$\begin{pmatrix} 1 & \frac{2}{3} & \frac{4}{3} & \frac{37}{6} \\ 0 & 1 & 2 & \frac{17}{2} \\ 0 & 0 & -4 & -14 \end{pmatrix}$$

最後に，3 行目の x_3 の係数を 1 にするために，各項を − 4 で割ります。

$$\begin{pmatrix} 1 & \frac{2}{3} & \frac{4}{3} & \frac{37}{6} \\ 0 & 1 & 2 & \frac{17}{2} \\ 0 & 0 & 1 & \frac{7}{2} \end{pmatrix}$$

以上で前進消去の手続きは終了です。この時点で，上記の拡大係数行列は次の方程式を表しています。

$$\begin{cases} x_1 + \frac{2}{3}x_2 + \frac{4}{3}x_3 = \frac{37}{6} \\ x_2 + 2x_3 = \frac{17}{2} \\ x_3 = \frac{7}{2} \end{cases}$$

3 行目の式から，$x_3 = \frac{7}{2}$ であることがわかります。

　ガウスの消去法の後半は，後退代入の手続きです。後退代入では，前進消去により求めた x_3 の値と拡大係数行列を用いて残りの未知変数の値を求めます。後退代入の手続きの最初として，x_3 の値を 2 行目の式に代入します。すると，x_2 の値が求まります。

$$x_2 + 2 \times \frac{7}{2} = \frac{17}{2}$$

よって $x_2 = \frac{3}{2}$

次は，x_2 と x_3 の値を用いて，x_1 の値を求めます。

$$x_1 + \frac{2}{3} \times \frac{3}{2} + \frac{4}{3} \times \frac{7}{2} = \frac{37}{6}$$

よって $x_1 = \frac{1}{2}$

これで，すべての未知変数の値が求まりました。

11.2.2　ガウスの消去法プログラム

　ガウスの消去法は決められた手続きを順に繰り返すだけなので，コンピュータプログラムとして実装しやすいという利点があります。問題 11.3 で，ガウスの消去法をプログラムとして実装することを考えましょう。

問題 11.3

　次の拡大係数行列で与えられる連立一次方程式をガウスの消去法を用いて解くプログラム gauss.py を示せ。

$$\begin{pmatrix} 5 & 4 & 3 & 2 & 35 \\ 1 & 6 & 2 & 3 & 36 \\ 2 & 3 & 7 & 4 & 56 \\ 3 & 2 & 1 & 8 & 51 \end{pmatrix}$$

gauss.py プログラムを実装するためには，連立一次方程式の拡大係数行列をプログラム内部のデータ構造として表現しなければなりません。このために，2次元のリスト用いることにします。2次元のリストは，2つの添字で1つの要素を特定するデータ形式です。

2次元のリストの利用例を図11.6に示します。図では，ary[0][0] から ary[1][2] まで，6個の要素を持つリストを利用しています。

(1)ソースプログラム

```python
# -*- coding: utf-8 -*-
"""
ary2d.py プログラム
2次元のリストの例題プログラム
"""
# メイン実行部
# 変数の初期化
ary = [[2, 7, 1], [8, 2, 8]]  # 2次元のリスト

# 結果の出力
print(ary[0][0], ary[0][1], ary[0][2])
print(ary[1][0], ary[1][1], ary[1][2])
```

(2)実行結果

```
2 7 1
8 2 8
```

図11.6　2次元のリストの利用例

gauss.py プログラムでは，2次元のリストを用いて拡大係数行列を表現します。拡大係数行列を表すリスト a の定義例を示します。

```
# 拡大係数行列
a = [[5,4,3,2,35],[1,6,2,3,36],[2,3,7,4,56],[3,2,1,8,51]]
```

上記では，4元連立方程式の拡大係数行列に対応するリスト a に，問題11.3で与えられた方程式の係数等を初期値として設定しています。

拡大係数行列の表現方法が決まりましたから，次にプログラムの構成を考えます。ガウスの消

113

去法の手続きは，先に説明したように，前進消去と後退代入という 2 つの主要部分から成り立っています。そこで，これら 2 つの処理をそれぞれ関数として表現することにしましょう[2]。図 11.7 に，gauss.py プログラムの内部構造図を示します。図で，forward 関数は前進消去を担当し，backward 関数は後退代入を担当します。

図 11.7　　gauss.py プログラムの内部構造図

　次に，forward 関数の構成方法を考えます。forward 関数の手続きは，次のような処理です。

i=0 から N-1 について以下を繰り返す。
　i 行の各要素を aii で割る。
　i+1 行以下について，i 行を使って式前半の項を消去。

backward 関数の処理内容は，次のようになります。

i=N-1 から i=1 までの xi について，以下を繰り返す。
　xi を，xi+1 以降の項および拡大係数行列の値を使って計算。

　以上の準備をもとに，gauss.py プログラムを構成します。図 11.8 にプログラムのソースコードを，図 11.9 に gauss.py プログラムの実行結果を示します。

2　関数に分割せずにメイン実行部に直接処理を記述することも可能であるが，関数に分割するほうがプログラムの見通しが良くなり，作成や変更が容易になる。

```python
# -*- coding: utf-8 -*-
"""
gauss.py プログラム
ガウスの消去法により連立方程式を解くプログラム
"""

# 大域変数
# 拡大係数行列
a = [[5,4,3,2,35],[1,6,2,3,36],[2,3,7,4,56],[3,2,1,8,51]]
# 未知変数
x = [0, 0, 0, 0]
# 連立方程式の未知変数の個数 N
N = 4

# 下請け関数の定義
# forward()関数
def forward():
    """ 前進消去"""
    for i in range(N):
        aii = a[i][i]
        for j in range(i, N + 1):
            a[i][j] = a[i][j] / aii # i 行の各要素を aii で割る
        for k in range(i + 1, N):   # i + 1 行以下の計算
            aki = a[k][i]
            for j in range(i, N + 1):
                # 項の消去の計算
                a[k][j] = a[k][j] - a[i][j] * aki
# forward()関数の終わり

# backward()関数
def backward():
    """後退代入"""
    # 逐次代入を下段から上段へ繰り返す
    for i in range(N - 1, -1, -1):
        sum = 0
        for j in range(i + 1, N):
            sum =sum + a[i][j] * x[j] # 各項の和
        x[i] = a[i][N] - sum            # xi の計算
# backward()関数の終わり

# メイン実行部
# 前進消去
forward()

# 後退代入
backward()

# 結果の出力
print(x)
```

図 11.8　gauss.py プログラムのソースコード

115

```
[1.0, 2.0, 4.0, 5.0]
```

図 11.9　gauss.py プログラムの実行結果

第11章のまとめ

・繰り返し処理と入力処理を組み合わせると，データ処理プログラムの基本的なパターンを構成することができる。

・行列の表現には，2次元のリストを用いることができる。

章末問題

問題 1

stat.py プログラムにおいて，最初から数値以外のデータを入力するとどうなるか試してみてください。

問題 2

gauss.py プログラムを改造し，拡大係数行列の初期値を変更することで，11.2.1 項で示した3元連立方程式を解いてください。

第**12**章

ライブラリの利用

―この章のねらい―

これまでに説明したように，Python では，入出力処理についてあらかじめ print 関数や input 関数などがシステムに用意されています。プログラム作成時にはこれらを利用することで，プログラム作成を効率化することができます。実はシステムに用意されている関数は他にもさまざまなものがあり，それらの集まりを一般にライブラリと呼びます。Python のシステムに添付されている標準ライブラリに含まれる関数には，例えば平方根や三角関数といった数学関数や，シミュレーションなどに用いる乱数関数などがあります。本章では，こうした標準ライブラリに含まれる関数を使った処理について紹介します。

―この章で学ぶ項目―

12.1　数学関数

ここでは，対数や平方根，あるいは三角関数といった数学関数の使い方を示します。

12.1.1　対数と平方根

ライブラリに含まれる数学関数の利用例として，次の問題 12.1 の logsqrt.py プログラムを考えましょう。このプログラムでは，平方根や対数の値を計算します。

問題 12.1

i=1 から 10 の範囲の整数 i について，以下の値を計算せよ。

$$\sqrt{i} \qquad \ln(i)$$

Python には，標準ライブラリにさまざまな数学関数が用意されています。表 12.1 にその一部を示します。問題 12.1 では，これらの関数のうちから，平方根を求める math.sqrt 関数と，自然対数を求める math.log 関数を利用します。

表 12.1　Python の math モジュールに含まれる数学関数（一部）

関数	説明
math.sin(x)	正弦関数 (sine)
math.cos(x)	余弦 (cosine)
math.tan(x)	正接関数 (tangent)
math.atan(x)	逆正接関数 (arctangent)
math.sinh(x)	双曲線関数 (hyperbolic sine)
math.exp(x)	e^x
math.log(x)	自然対数 $\ln(x)$
math.log10(x)	常用対数
math.pow(x,y)	x^y

表 12.1 に示した標準ライブラリ内の関数を利用する際には，その準備として，プログラム冒頭に次の記述を追加する必要があります。

```
import math
```

上記の記述は，math という名前のファイルを利用することを表しています。このようなファイルを，Python では**モジュール**と呼びます。標準ライブラリにはさまざまなモジュールが含まれていますが，math はそのうちの一つであり，数学的な処理を行うプログラムを含んだモジュールです。math モジュールをインポートつまり読み込むことで，math モジュールに含まれたさまざまな関数を利用することができるようになります。

以上の準備をもとに，logsqrt.py プログラムを構成します。図 12.1 に logsqrt.py プログラ

ムを示します。

(1)ソースコード

```
# -*- coding: utf-8 -*-
"""
logsqrt.py プログラム
数学ライブラリ関数の利用例
"""
# モジュールのインポート
import math

# メイン実行部
print("i    sqrt(i)     log(i)")
for i in range(1, 11):
    print("{:d}{:.7f}{:.7f}".format(i, math.sqrt(i), math.log(i)))
```

(2)実行結果

```
i    sqrt(i)     log(i)
1  1.0000000  0.0000000
2  1.4142136  0.6931472
3  1.7320508  1.0986123
4  2.0000000  1.3862944
5  2.2360680  1.6094379
6  2.4494897  1.7917595
7  2.6457513  1.9459101
8  2.8284271  2.0794415
9  3.0000000  2.1972246
10  3.1622777  2.3025851
```

図 12.1　logsqrt.py プログラム

12.1.2　三角関数

次に，三角関数を使ったプログラムを扱います。次の問題 12.2 を見てください。

問題 12.2

$\theta=0°\sim360°$ の範囲について，$\sin(\theta)$ および $\cos(\theta)$ の値を計算するプログラム sincos.py を作成せよ。

math モジュールを用いれば，sincos.py プログラムは容易に構成することができます。図 12.2 に sincos.py プログラムを示します。

(1) ソースコード

```
# -*- coding: utf-8 -*-
"""
sincos.py プログラム
数学ライブラリ関数の利用例 2
"""
# モジュールのインポート
import math

# メイン実行部
print("theta  sin(theta)  cos(theta)")
for i in range(361):# 0 度から 360 度まで繰り返す
    theta = 2 * math.pi * i / 360
    print("{:d}  {:.9f}  {:.9f}".format(i,¥
        math.sin(theta), math.cos(theta)))
```

(2) 実行結果

```
theta  sin(theta)  cos(theta)
0   0.000000000   1.000000000
1   0.017452406   0.999847695
2   0.034899497   0.999390827
3   0.052335956   0.998629535
4   0.069756474   0.997564050
   ・・・
355  -0.087155743   0.996194698
356  -0.069756474   0.997564050
357  -0.052335956   0.998629535
358  -0.034899497   0.999390827
359  -0.017452406   0.999847695
360  -0.000000000   1.000000000
```

図 12.2　sincos.py プログラム

　sincos.py プログラムで，実際に三角関数の計算を行っているのは次の行です。下記で 1 行目の行末に「¥」がありますが，これは，この行がここで終わらずに次の行に継続していることを表しています。したがって，下記は 2 行に分かれていますが，実際には 1 行分の内容を表しています。

```
print("{:d}  {:.9f}  {:.9f}".format(i,¥
    math.sin(theta), math.cos(theta)))
```

ここで，math.sin 関数と math.cos 関数はラジアンで表された角度に対して三角関数の値を

計算します。そこで sincos.py プログラムでは，角度をラジアンに変換する必要があります[1]。この際に円周率 π の値が必要となりますが，円周率は math モジュール内で math.pi としてあらかじめ定義されています。そこで sincos.py プログラムでは，math.pi を用いて角度を変換しています。

12.2　乱数

　本節では，数値シミュレーションで用いられる乱数列の生成について取り上げます。ここでいう乱数列とは，数列の途中までの系列を調べてもその後の数の並びが予測できないような数列のことです。

12.2.1　擬似乱数列とは

　コンピュータが広く普及した現在，工学のさまざまな分野で，ある現象をコンピュータを用いて数値的に模擬する数値シミュレーションがよく用いられています。例えば電子回路の挙動解析や，機械や構造物の構造解析，あるいは分子の運動解析に基づく化学変化の解析など，数値シミュレーションの応用分野は工学全体に及んでいます。

　数値シミュレーションでは，数式を計算することで答えを求める形式の決定論的なシミュレーションの他に，偶然の要素を含めて現象を模擬する確率的なシミュレーションもよく行われます。後者の場合，偶然の要素を考慮するためには，シミュレーションの過程でサイコロやクジのような手続きで値を決定する必要があります。このようにして値を確率的に決定した数値の並びを**乱数列 (random number sequence)** と呼びます。

　乱数列をコンピュータシミュレーションで用いるためには，数の並びが予測できないような数列を，何らかの方法で準備しなければなりません。電子回路を用いて乱数列を生成する回路や，量子論的な物理現象を数値化して記録したデータ集などもありますが[2]，扱いが不便です。そこで，計算式を用いて乱数列と近い性質を持った数列を生成する技法が，よく用いられます。計算によって求まるこうした数列を，**擬似乱数列 (pseudo random number sequence)** と呼びます。擬似乱数列は，次のような手続きで生成されます。

①初項 r_0 に適当な初期値を設定する。
②以下を必要な回数だけ繰り返す。
　　適当な計算式により，r_i 項から r_{i+1} 項を計算する。

　Python では，擬似乱数列を扱うためのモジュールである random モジュールが用意されています。random モジュールにはさまざまな乱数機能が用意されていますが，例えば，random.randint 関数を用いると整数の乱数を生成することができます。

1　　実は Python には，ラジアンに変換するための関数も用意されている。
2　　物理現象を計測して得られた乱数の長い系列を，DVD 等のメディアに収録したデータが提供されている。

　random.randint 関数に 2 つの引数 a と b を与えると，a 以上 b 以下の値の乱数を返します。例えば 1 以上 6 以下の乱数列が必要であれば，次のように繰り返し random.randint 関数を呼び出します。

```
>>> random.randint(1,6)
6
>>> random.randint(1,6)
1
>>> random.randint(1,6)
1
>>> random.randint(1,6)
3
>>> random.randint(1,6)
6
>>> random.randint(1,6)
5
>>> random.randint(1,6)
2
```

同様に実数の乱数列が必要であれば，random.random 関数を利用します。random.random 関数は 0 以上 1 未満の乱数列を返します。

```
>>> random.random()
0.07391406267872114
>>> random.random()
0.8348000468090568
>>> random.random()
0.6127921452591327
>>> random.random()
0.7677545014430716
>>> random.random()
0.6423738982705166
>>> random.random()
0.9642644066251983
>>> random.random()
0.498977844728396
```

これらの関数を利用するには，プログラムの先頭に以下の記述を置きます。

```
import random
```

　以上で準備が整いましたので，これらの準備をもとにプログラムを構成します。図 12.3 に rand.py プログラムを示します。

(1)ソースコード

```
# -*- coding: utf-8 -*-
"""
rand.py プログラム
random モジュールの利用例
"""
# モジュールのインポート
import random

# メイン実行部
random.seed(65535)  # 乱数列の初期化
for i in range(10):# 10 回の繰り返し
    print(random.randint(1,10))
```

(2)実行結果(例)

```
1
5
8
3
1
7
2
5
6
2
```

図 12.3　random モジュールの利用例　rand.py プログラム

　rand.py プログラムでは，まず random.seed 関数を呼び出すことで乱数列を初期化します。random.seed 関数は，乱数列の初期化に使う数値を与えるための関数です。random.seed 関数に与える値は何でもいいのですが，与えた値に従って，決まった乱数列が生成されます。random.seed 関数に与える値を変更しなければ，いつでも同じ数字の並びからなる乱数列が生成されます[3]。これに対して，random.seed 関数を利用しなければ，コンピュータに内蔵された時計の時刻に関連する数値等を使って，毎回異なる値で乱数列が初期化されます。

　rand.py プログラムでは，for 文を使って random.randint 関数を 10 回呼び出しています。すると，図 12.3（2）の実行結果にあるように，10 個の乱数からなる乱数列が生成されます。

12.2.2　擬似乱数列を利用したプログラム

　擬似乱数列を数値計算に利用してみましょう。問題 12.3 を見てください。

3　シミュレーション（数値実験）等において，決められた初期値から繰り返し実験を行いたい場合などには，同じ初期値を利用する。

問題 12.3

　$(0,0)$ から $(\pi,1)$ の範囲でランダムに座標点 (x,y) を 100000 点生成せよ。それらの座標点のうち，

$$y <= \sin(x)$$

となる点の個数を数えよ。以上の操作を行うプログラム randintegral.py を作成せよ。

---

　randintegral.py プログラムは，**モンテカルロ法 (Monte Carlo method)**[4]による積分を行うプログラムです。モンテカルロ法による積分とは，乱数を使って座標点を生成し，ある領域に含まれる座標点の個数を数えることでその領域の面積を求める方法です。例えば問題 12.3 の例でいえば，図 12.4 に示すように，sin 関数の下の部分の面積をランダムに生成した座標点の個数比で求めます。

　図 12.4 では，ランダムに生成した 10 個の座標点のうち 7 個が sin 関数の線より下の部分に入っており，残りの 3 個はその領域外に出ています。したがって，全体の $\frac{7}{10}$ にあたる個数の座標点が領域内に含まれています。座標点は $(0,0)$ から $(\pi,1)$ の範囲でランダムに生成されますから，生成されうる範囲は図に示した長方形の内部となります。長方形全体の面積は π ですから，sin 関数の下の部分の面積は座標点の個数比から次のように計算されます。

$$\pi \times \frac{7}{10} = 2.199\ldots$$

解析的に求まる真の値は 2 ですから，上記の値は概数としては正しい値となっています。

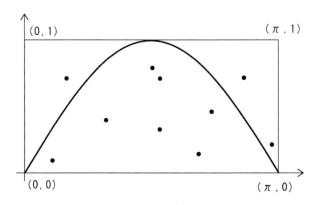

図 12.4　randintegral.py プログラムの動作

　さて，この計算を行うためには，繰り返して座標点を生成する必要があります。このためには，以下のような計算を繰り返し行います。

4　カジノで有名な地名にちなんで，フォン・ノイマンが命名した名称である。

```
x = random.random() * math.pi
y = random.random()
```

　上記の計算では，0以上1未満の乱数を返す関数であるrandom.random関数の値を利用して，(0,0)から(π,1)の範囲でランダムに座標点(x,y)を生成します。randintegral.pyプログラムのソースコードと実行例を，図12.5に示します。

(1)ソースコード

```
s# -*- coding: utf-8 -*-
"""
randintegral.py プログラム
乱数を使った数値積分
"""
# モジュールのインポート
import random
import math

# メイン実行部
random.seed(65535)   # 乱数列の初期化
count = 0            # 領域内の回数
for i in range(100):# 100回の繰り返し
    for j in range(100000):
        x = random.random() * math.pi
        y = random.random()
        if math.sin(x) >= y:
            count = count + 1
    print(i, ":",count / 100000 / (i + 1) * math.pi)
```

図 12.5-1　randintegral.py プログラム

(2) 実行例

```
 0 : 1.9958223968990598
 1 : 1.9977073524912135
 2 : 1.9980738716341324
 3 : 1.9987597860301662
 4 : 1.9994477948213023
 5 : 2.001880434732732
 6 : 2.001665759234737
 7 : 2.0017639340051616
 8 : 2.001278296140794
 9 : 2.00113483007628
 10 : 2.00074327339191
 11 : 2.0008201472121456
 12 : 2.00146276401712
    ・・・
 97 : 1.9996541782244022
 98 : 1.9996532359408914
 99 : 1.999726768248941
```

図 12.5-2　　randintegral.py プログラム

第 12 章のまとめ

・Python などのプログラミング言語では，よく使われる機能を関数としてまとめたライブラリ
　関数が，あらかじめシステムに用意されている。
・ライブラリ関数には，入出力などの機能を実現するものの他，指数関数や対数関数，あるいは
　三角関数などの数学関数などが用意されている。
・Python のライブラリ関数には，数値シミュレーション等で用いられる乱数生成関数も用意さ
　れている。

章末問題

問題 1

　本文の表 12.1 には，標準ライブラリに含まれる数学関数の一部を示しました。他にどのよう
な数学関数が利用可能か調べてください。

問題 2

　1 から 6 までの整数 1000 個からなる乱数列を生成するプログラム dice.py を構成してくだ
さい。

実行例

```
14416536262151545566655514111436426542351331352341361354311366314621343526552143163
22231144256242414233563666263433463245131443162362224541444246343325521546264 51…
```

さまざまな
プログラミング言語（1）

―この章のねらい―

本書ではここまで，Python を念頭において
プログラミング言語について説明してきました。
Python は現在さまざまな分野で広く利用されて
います。しかしそれ以外にも，利用の局面に応じ
てさまざまなプログラミング言語が利用されてい
ます。そこで本章では，それらを取り上げて紹介
します。

―この章で学ぶ項目―

13.1　C，C++
13.2　Java，Javascript
13.3　Fortran，Lisp，Cobol

13.1　C，C++

本節では，C 言語と C++ 言語について，その特徴を説明します。

13.1.1　C 言語

　C 言語[1]は，1970 年代に開発された歴史のあるプログラミング言語です。元来 C 言語は，コンピュータの基本ソフトウェアである**オペレーティングシステム** (operating system) を記述するために開発され，実際に **UNIX** というオペレーティングシステムの記述に利用されています。

　オペレーティングシステムとは，コンピュータを使いやすくすることを目的とした，コンピュータの持つ資源を管理するための基本ソフトウェアです。代表例は，**Windows** や **Linux** などです。

　コンピュータの管理を行うためには，ハードウェアを制御する必要があります。このため C 言語は，ハードウェア制御の記述がしやすい言語として設計されました。また，基本ソフトであるオペレーティングシステムを記述するためには，実行効率の高い機械語プログラムを生成しなければなりません。C 言語は，こうした特徴を持っています。

　現在では，C 言語はオペレーティングシステムの記述だけでなく，例えば工学分野における数値計算や，組み込み機器のハードウェア制御などさまざまな用途にも広く利用されています。

13.1.2　C++ 言語

　C++ 言語は，C 言語の拡張版として 1980 年代に発表されました。C 言語に対して新しいプログラミングの概念に必要となる機能を追加することを目的として開発され，最初に取り入れられたのが**オブジェクト指向プログラミング (object oriented programming)** の考え方です。

　オブジェクト指向プログラミングとは，処理手続きの記述とデータ構造の記述をひとまとめにしたオブジェクトという仕組みを作り，それを組み合わせることでプログラミングを進めるというものです。オブジェクト指向プログラミングをうまく使うと，プログラム開発が容易になることが知られています。

　C++ 言語には，オブジェクト指向プログラミングの他にもさまざまな新しい概念が次々と取り込まれており，C 言語と比較するとかなり大規模なプログラミング言語となっています。それでも C 言語の拡張版という立場は変わらず，C 言語の範囲で記述されたプログラムは，C＋＋言語のコンパイラを使ってもそのままコンパイルすることができます。C++ 言語は強力な言語ですので，C 言語以上にさまざまな分野でプログラミング言語として利用されています。

13.2　Java，Javascript

本節では，Java 言語と Javascript を取り上げます。これらの言語は名称が似ている上に用途

1　先に B 言語という言語があり，これをもとにして開発された言語が C 言語である。

も重なる部分があるので[2]混同されがちですが，実は全く異なる言語です。

13.2.1 Java 言語

Java 言語は，1990 年代に開発されたプログラミング言語です。C 言語や C++ 言語と比べて新しく，新しい技術を積極的に採用して構成されています。C 言語に対する C++ 言語と異なり，全く新しい言語として設計されているので，ある意味 C++ 言語よりもすっきりとした言語仕様となっています。

C++ 言語同様，Java 言語もさまざまな用途に用いられます。特にネットワーク対応のプログラムや，組み込み制御用のプログラム，またスマートフォンのアプリケーション開発などによく用いられます。

Java 言語では，プログラムが動作する環境におけるコンピュータネットワークの利用が前提となっているので，ネットワークを活用したプログラム作成に対応した仕組みがあらかじめ盛り込まれています。また，Java 言語で記述したプログラムは，ネットワークに接続された多様なコンピュータ上で実行可能となるよう，実行形式についても工夫がなされています。Java 言語の標語に，次のものがあります。

「Write once, run anywhere（一度書いたら，どこでも走る）」
これは，一度プログラムを作成すれば，それはネットワーク上のどのコンピュータ上でも動作させることができる，ということを表しています。

以上を実現するために，Java 言語では，コンパイラ方式とインタプリタ方式を組み合わせた処理形式を採用しています。これは，図 13.1 に示すように，さまざまなコンピュータ向けに Java 仮想マシン (JavaVM) と呼ばれるインタプリタを準備しておき，コンパイラの出力を特定の機械語ではなくインタプリタ向けの特殊な機械語とすることで実現しています。この特殊な機械語のことを **Java バイトコード** と呼びます。

Java バイトコードは，それぞれのコンピュータ向けの Java 仮想マシンによって，どこでも同じように実行されます。こうすると，コンパイラの出力したプログラムは，インタプリタ上で実行することで，どのコンピュータにおいてもそのまま実行することができるようになります。

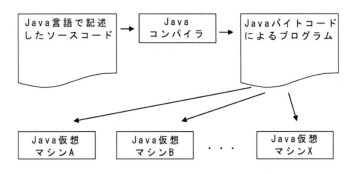

さまざまなコンピュータ向けの Java 仮想マシン上で実行可能

図 13.1　Java 言語の処理形式

2　いずれもネットワーク技術や WWW 技術に深い関係があるので，用途が重なる場合がある。

　図 13.2 に Java 言語によるプログラム例を示します。実行例では，Java のコンパイラである javac を使ってソースコードを Java バイトコードにコンパイルしています。その結果を利用して，Java 仮想マシンを起動するコマンドである java コマンドを用いてプログラムを実行しています。

(1) Hello.javaプログラムのソースコード

```
//Hello.java プログラム
//Java 言語による挨拶プログラム
public class Hello{
 public static void main(String[] args){
  System.out.println("こんにちは！¥n") ;
 }
}
```

(2) Hello.javaプログラムのコンパイルと実行結果の例

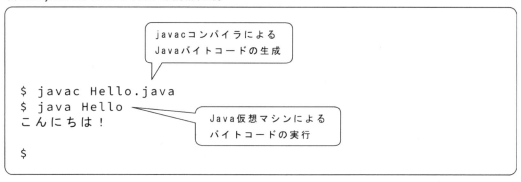

図 13.2　Java 言語によるプログラムのソースコード例と実行例

13.2.2　Javascript

　Javascript は，Java 言語とは異なるプログラミング言語です。本来 Web ブラウザ上での能動的な処理を記述するための言語として開発されたので，Javascript によるプログラムは単体で用いられず，Web ブラウザに与える **HTML**(Hyper Text Markup Language) の文書の一部として記述されます。HTML は Web のページを記述するための言語であり，プログラミング言語が記述するような能動的な処理を記述することができません。これに対し，Javascript を組み込んだ HTML 文書では，一般のプログラミング言語が記述するような能動的な処理を記述することが可能です。

　図 13.3 に，Javascript によるプログラムの記述例を示します。図 13.3 はそのほとんどが Web ページを記述する HTML 言語の記述ですが，5 行目だけは Javascript のプログラムの記述となっています。

　図 13.4 は，図 13.3 のコードを Web ブラウザで読み込んだ場合のプログラム実行例です。図 13.4 では，Web ブラウザの画面に「こんにちは！」というメッセージ（**アラートダイアログ**）

が現れています。このウィンドウの OK ボタンを押すと，メッセージが消えます。このように，メッセージのウィンドウとボタンを表示し，ボタン操作によってウィンドウが消えるような能動的処理を記述するのに，Javascript によるプログラムが使われています。

```
<html>
<head><title></title></head>
<body>
<script>
 alert("こんにちは！") ;
</script>
</body>
</html>
```

5行目の"alert"から始まる行のみが、Javascriptのプログラム部分である

図 13.3　Javascript によるプログラム記述例（HTML による記述を含む）

図 13.4　Javascript の実行例（アラートダイアログの出力）

　Javascript は，主として Web システムにおけるブラウザ側の処理を担当するプログラムの記述に用いられています。現在では，Web システムを基盤として利用したネットワークアプリケーションシステムが数多く稼働しています。これらのシステムでは，クライアント側システムのプログラミング言語として，Javascript がよく用いられます。

13.3　Fortran，Lisp，Cobol

　ここでは，コンピュータの歴史の初期から現在に至るまで使われ続けている Fortran，Lisp，Cobol の 3 つの言語を紹介します。これらの言語は，古くは 1950 年代に開発されました。そ

の後新たな技術を取り込みながら進化を続け，それぞれの得意分野では今でも広く使われています。

13.3.1　Fortran

Fortran[3]は，1950 年代に開発されたプログラミング言語であり，現在広く使われているプログラミング言語の中でも最も長い歴史を有する言語です。開発後さまざまな新技術を取り入れて発展し，現在でも数値計算分野を中心に広く利用されています。簡単なプログラムの例を図 13.5 に示します。

(1) hello.f90プログラムのソースコード

```
program output
  write (*,*) 'こんにちは！'
end program output
```

(2) Fortranプログラムの例

図 13.5　Fortran プログラムの例

13.3.2　Lisp

Lisp[4]は，1960 年代に言語として成立したプログラミング言語です。他のプログラミング言語と同様に，Lisp 言語もさまざまな拡張がなされ，現在では当初と比較して記述能力が大きく向上するとともに，同じ Lisp ながら少しずつ異なる言語仕様を有した "方言" のような Lisp 言語が数多く発表されています。人工知能関連分野や記号処理分野でよく用いられるプログラミング言語ですが，その記述能力を活かして，エディタなどのシステムプログラムの記述や，ネットワーク処理システムの記述などにも用いられることがあります。

　Lisp はリストと呼ばれる柔軟なデータ構造を中心としたプログラミング言語であり，C 言語や C++ 言語，あるいは Java 言語や Fortran などとはかなり異なった記述方法を取ります。図 13.6 に示す Lisp プログラムの例は，Lisp で記述されたエディタである Emacs エディタ上で実行することのできる，Emacs Lisp 言語によって記述してあります。

3　名前の由来は "formula translation"，すなわち「数式翻訳」である。

4　"list processor"，つまりデータ型の一種であるリストを処理する処理系という言葉に由来する。

(1)ソースコード（Lispの関数定義）

```
(defun print100 ()
 (setq i 0)
 (while (> 100 i)
  (princ i)
  (terpri)
  (setq i (+ i 1))
 )
)
```

(2)実行結果（一部）

```
print100
0
1
2
3
4
...
95
96
97
98
99
nil
```

図 13.6　Emacs Lisp によるプログラム例

13.3.3　Cobol

　Cobol[5]は 1960 年代初頭に言語仕様が発表された，事務処理プログラムの記述を目的としたプログラミング言語です。Fortran や Lisp と同様，Cobol も時代とともに変化を遂げており，現在でも事務処理システムなどの記述に用いられている場合があります。図 13.7 に Cobol のプログラム例を示します。

5　"common business oriented language"，すなわちビジネス処理を記述するための共通言語として開発された。

(1) ソースコード

```
PROGRAM-ID. HELLO.
PROCEDURE DIVISION.
        DISPLAY 'こんにちは！'.
```

(2) Cobol プログラム例

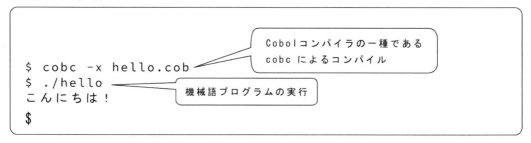

図 13.7　Cobol プログラム例

第13章のまとめ

・C 言語と C++ 言語は，さまざまな用途に広く用いられている標準的なプログラミング言語である。
・Java 言語はネットワークを前提としたプログラミング言語である。
・Javascript は，本来 Web ブラウザの機能強化のために開発された言語である。
・Fortran, Lisp および Cobol は，その起源を 1950 年代〜1960 年代まで遡ることのできる言語である。これらの言語はコンピュータの歴史とともに進化し，現在でも利用されている。

章末問題

問題 1

　本章では，C 言語，C++ 言語，Java 言語，Javascript, Fortran, Lisp, Cobol を紹介しました。実はこの他にも，世の中で多くの人に使われているプログラミング言語だけでも数百種類もの言語があるといわれています。なぜ，このように多くの種類のプログラミング言語があるのでしょうか。

問題 2

　本章で紹介した言語が利用されている，具体的なソフトウェアシステムを調べてください。

第 **14** 章

さまざまな
プログラミング言語（2）

―この章のねらい―

本章では前章に続いて，さらにさまざまな種類のプログラミング言語を紹介します。はじめに，汎用的なスクリプト言語である perl，Python および Ruby を取り上げます。次に，テキスト処理や数値計算に特化したスクリプト言語である bc と awk を紹介し，最後に，MATLAB や Mathematica などの，特定のソフトウェア環境でプログラムを記述する方法を紹介します。

―この章で学ぶ項目―

14.1　Perl，Python，Ruby
14.2　bc，awk
14.3　MATLAB，GNU Octave，Mathematica，Maxima

14.1　Perl，Python，Ruby

　本節では，汎用のスクリプト言語である Perl，Python および Ruby を紹介します。スクリプト言語とは，主としてインタプリタ方式で実行される，記述が容易なプログラミング言語のことをいいます。

14.1.1　Perl

　Perl（パール）[1]は，1980 年代に誕生したスクリプト言語です。特に文字の処理を容易に記述することができるため，Web システムにおける文字関連処理の記述などによく用いられています。しかし Perl は文字処理専門の言語ではなく，汎用のプログラミング言語としての機能を備えています。

　Perl はプログラムを容易に記述することのできる言語です。同じ意味のプログラムをさまざまな方法で記述できるという特徴があり，利用者が自分の好きな方法でプログラムを書くことができます。この特徴は，プログラムの作成しやすさという意味では利点となりますが，プログラムの読解の観点からは欠点となります。特に，他人の書いたプログラムを読んだり，自分で書いたプログラムを後で読み返したりする際には，大きな欠点となりかねません。

　図 14.1 に Perl のプログラムの例を示します。図では，ファイル hello.pl に格納した 1 行だけからなる Perl のソースコードを，Perl インタプリタを使って実行しています。

(1) hello.plプログラムのソースコード

```
print "こんにちは！¥n" ;
```

(2) Perlのプログラム例

```
$ perl hello.pl          perlインタプリタによる
こんにちは！              hello.plプログラムの実行
$
```

図 14.1　Perl のプログラム例

14.1.2　Python

　本書で主として取り上げた **Python**[2]は，1990 年代に発表されたスクリプト言語です。Perl と同様，汎用のスクリプト言語であり，プログラムの記述が容易となるように設計された言語です。Perl と異なるのは，Python では，誰がプログラムを書いても，同じ意味のプログラムは同

1　真珠を意味する "Pearl" とは綴りが異なっている。

2　ニシキヘビの意味である。

じ記述形式となるように設計されている点です。また，非常に広範囲のライブラリが用意されており，さまざまな分野で手軽にプログラムを開発できるようになっています。

図 14.2 に Python のプログラムの例を示します。図では，非常に簡単なプログラムである hello.py を，Python のインタプリタを使って実行した例を示しています。

(1) hello.pyプログラムのソースコード

```
print("Hello!")
```

(2) 実行例

```
$ python hello.py          Pythonインタプリタによる
Hello!                     hello.pyプログラムの実行
$
```

図 14.2　Python のプログラム例

14.1.3　Ruby

Ruby[3]は，1990 年代に日本人によって開発された，汎用のスクリプト言語です。その用途や応用分野は Perl や Python と重なる部分も多いのですが，特に，Ruby on Rails という Ruby 用パッケージを用いることで，Web のアプリケーションシステムを容易に開発できるという特徴があります。

図 14.3 に，Ruby のプログラム例を示します。

(1) hello.rbプログラムのソースコード

```
print("Hello!¥n")
```

(2) Rubyのプログラム例

```
$ ruby hello.rb          Rubyインタプリタによる
Hello!                   hello.rbプログラムの実行
$
```

図 14.3　Ruby のプログラム例

3　宝石のルビーと同じ綴りである。

14.2　bc，awk

　本節では，数値計算やテキスト処理に特化したスクリプト言語を取り上げます。前者の例として bc を説明し，後者の例として awk を取り上げます[4]。

14.2.1　bc

　bc は，Linux などの UNIX 系オペレーティングシステムで利用できる，数値計算用のプログラミング言語です。bc は対話的に利用することもできますし，プログラムを記述することもできます。bc の使用例を図 14.4 に示します。

```
$ bc -l
bc 1.06.95
Copyright 1991-1994, 1997, 1998, 2000, 2004, 2006 Free Software
Foundation, Inc.
This is free software with ABSOLUTELY NO WARRANTY.
For details type `warranty'.
2^200
1606938044258990275541962092341162602522020993782792835301376
scale=100
sqrt(2)
1.4142135623730950488016887242096980785696718753769480731766797
7990¥
73247846210703885038753432764157 27
a(1)*4
3.1415926535897932384626433832795028841971693993751058209749445 9
2307¥
816406286208998628034825342 1170676
scale=50
for(i=0;i<10;++i)
print i,"¥t",sqrt(i),"¥n"
0        0
1        1
2        1.41421356237309504880168872420969807856967187537694
3        1.73205080756887729352744634150587236694280525381038
4        2.00000000000000000000000000000000000000000000000000
5        2.23606797749978969640917366873127623544061835961152
6        2.44948974278317809819728407470589139196594748065667
7        2.64575131106459059050161575363926042571025918308245
8        2.82842712474619009760337744841939615713934375075389
9        3.00000000000000000000000000000000000000000000000000
```

図 14.4　bc 動作例（下線部は利用者の入力）

　図 14.4 では，はじめに，bc を起動するために "bc − l" と打ち込んでいます。ここで，"−l" は数学ライブラリを利用するためのオプションです。続いて，2 の 200 乗の計算を意味する "2^200" を入力しています。この例のように，bc では長い桁数の整数計算を実行することがで

4　いずれも古い歴史を有する Unix 系コマンドであるとともに，スクリプト言語としても利用可能である。

きます。また，次の行にあるように "scale=100" と指示することで，小数点以下 100 桁の計算を行わせることもできます。図では，2 の平方根と atn(1) の 4 倍，すなわち円周率 π の値を 100 桁求めています。

続く行でいったん小数点以下の桁数を 50 桁とした上で，さらに続く 2 行でプログラムを入力しています。ここでは次のようなプログラムを入力し，実行しています。

```
for(i=0;i<10;++i)
print i,"¥t",sqrt(i),"¥n"
```

この 2 行の記述は，Python における for 文による繰り返しと同様の意味を持っています。すなわち，2 行目の print 文を i を 0 から 9 まで変化させて繰り返し実行するという意味を表します。このように bc では，プログラムを入力して実行させることもできます。

14.2.2 awk

awk（オーク）は，文字処理を得意とするスクリプト言語です。利用例を図 14.5 に示します。

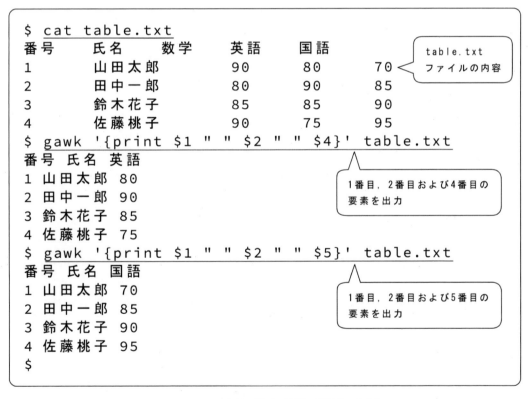

図 14.5 awk の利用例（下線部は利用者の入力）

図では，試験の成績を記録したファイルである table.txt というデータに対して処理を施しています。table.txt ファイルには，番号や名前とともに，数学と英語，および国語の試験の点数

が記録されています。このファイルから，例えば英語の成績のみを取り出して番号と名前とともに表示させたい場合には，図にあるように，次のようにして awk のプログラムを実行します。

```
gawk '{print $1 " " $2 " " $4}' table.txt
```

ここで，gawk は awk の一種である gawk を起動するコマンドで，引数として与えた文字列が awk のプログラムです。ここでは，table.txt ファイルに格納された各行の要素のうち 1 つ目と 2 つ目，および 4 番目の要素を取り出して，空白で区切って出力するという処理を記述しています。同様に，国語の点数を表示したいのであれば，以下のように記述します。

```
gawk '{print $1 " " $2 " " $5}' table.txt
```

awk は文字パターンの検出や，その置き換え処理などを簡単に記述することができます。そこで，例えば実験データの前処理などに便利です。

14.3　MATLAB，GNU Octave，Mathematica，Maxima

本節では，数値計算や数式処理を行うツールである MATLAB, octave および，Mathematica, Maxima を紹介します。

14.3.1　MATLAB,GNU Octave

MATLAB 並びに **GNU Octave** は，行列計算などの数値計算や数値シミュレーションを簡便に行うことのできるソフトウェアシステムです。図 14.6 に使用例を示します。図では，MATLAB と互換性のあるソフトウェアシステムである GNU Octave を使って連立一次方程式を解く過程を示しています。行列 A は方程式の係数行列であり，ベクトル B は方程式の右辺を表します。したがって図は，下記の連立一次方程式を解く手順を示しています。

$$\begin{cases} x + 2y = 5 \\ 3x + 4y = 11 \end{cases}$$

なお GNU Octave は，商用のソフトウェア製品である MATLAB と異なり，フリーソフトです。

```
octave:1> A=[1 2;3 4;]
octave:2> B=[5;11]
octave:3> A¥B
ans =

  1
  2
```

図 14.6　　GNU Octave の使用例

　MATLAB や GNU Octave は対話的に計算を指示する使い方とともに，一連の操作をプログラムとして扱う使い方もできます。また上例のような数値による出力の他，グラフを用いたデータの可視化も簡単に行えます。こうした処理をプログラムとして記述することで，高度なデータ処理システムを容易に記述することが可能です。

14.3.2　Mathematica,Maxima

　Mathematica と **Maxima** は，いずれも数値計算や数式処理を容易に行うことのできるソフトウェアシステムです。MTALAB 同様，これらのソフトウェアは対話的に利用するだけでなく，プログラムを与えて処理させることも可能です。なお Mathematica は商用のソフトウェアであり，Maxima はフリーソフトです。

　図 14.7 に Maxima の利用例を示します。式の展開や因数分解，3 次方程式の求解などの例を示しています。

```
$ maxima

Maxima 5.32.1 http://maxima.sourceforge.net
using Lisp GNU Common Lisp (GCL) GCL 2.6.10 (a.k.a. GCL)
Distributed under the GNU Public License. See the file COPYING.
Dedicated to the memory of William Schelter.
The function bug_report() provides bug reporting information.
(%i1) factor(a^3+b^3);
                                    2          2
(%o1)                    (b + a) (b  - a b + a )
(%i2) expand((a+b)^3) ;
                         3      2      2     3
(%o2)                    b + 3 a b + 3 a  b + a
(%i3) solve([x^3+2*x^2-5*x-6=0],[x]) ;
(%o3)                    [x = - 3, x = - 1, x = 2]
(%i4)
```

図 14.7　　Maxima の利用例（下線部は利用者の入力）

第 14 章のまとめ

- 汎用的なスクリプト言語として，perl，Python，ruby などがよく用いられる。これらは，一般のプログラミング言語と同様の機能を備えるとともに，プログラミングが容易であるという特徴がある。
- テキスト処理や数値計算に特化したスクリプト言語として，bc と awk がある。
- 数値計算や数式処理を容易に行うことのできるソフトウェアシステムとして，MATLAB，GNU Octave および Mathematica，Maxima 等がある。これらは，処理内容をプログラムとして記述することも可能である。

章末問題

問題 1

Perl や Python，ruby などの汎用スクリプト言語の処理系を用いて，本文中にあるプログラム例を実行してみてください。

問題 2

bc を用いると，数値計算のプログラムを手軽に記述することが可能です。本書にこれまで示した Python による計算プログラムを，bc で記述してみてください。

問題 3

Octave に以下の内容を記述したファイルを与えることで，以下の内容をプログラムとして実行させてみてください。

```
A=[1 2;3 4;]
B=[5;11]
A¥B
```

コラム　プログラムという概念の発明

　本書ではさまざまなプログラミング言語を取り上げました。これらのプログラミング言語は，当然のことながら，20 世紀中ごろにコンピュータが発明された後に開発されたものばかりです。それでは，その基礎となる "プログラム" という概念はどこから生まれたのでしょうか。

　その一つの起源は，第 1 章で紹介したバベッジの解析機関のプログラムです。バベッジの解析機関では，紙に穴をあけたパンチカードによって計算の手順を与えるように設計されていました。これは，現在のコンピュータにおける機械語プログラムと同等のものであると考えられます。

　実は，機械を制御するパンチカードを利用した装置としては，布を織る機械である織機が

ありました。織機におけるパンチカードの利用は，バベッジの解析機関の研究以前にも行われていました。さまざまな文献によると，解析機関におけるパンチカードの利用は，織機がヒントになっていたようです。

道具としてのコンピュータ

―この章のねらい―

　本書の締めくくりとして，本章ではコンピュータをどう使いこなせばよいかを考えます。結論から言うと，コンピュータは道具であって，プログラムは便利に利用すべきものです。したがって既存のプログラムを使って仕事ができるなら，そうすべきです。しかしながら，もしどうしても既存のプログラムでは間に合わない場合には，プログラミングスキルは強力な武器となるでしょう。

―この章で学ぶ項目―

15.1　コンピュータ利用の方針

はじめに，コンピュータ利用の方針を考えます。コンピュータを動かすのはプログラムです。ここで，プログラムは使うものであり，新たに作成しないほうがよいということを覚えておいてください。プログラミングは他に手段のないときの，最後の手段です。

15.1.1　プログラムを準備する方法

工学の多くの分野では，コンピュータを道具として用いることで研究開発や製造を進めます。この意味でコンピュータは，工学のさまざまな分野でなくてはならない道具となっています。

コンピュータはプログラムを取り替えることで，さまざまな仕事をこなすことができます。したがってコンピュータを道具として用いるには，仕事に適したプログラムを準備する必要があります。また，プログラムがコンピュータの動作を決めるのですから，言い換えれば，プログラムがコンピュータの道具としての価値を決めることになります。

ここで注意したいのは，プログラムを準備するにはさまざまな方法があるという点です。一つは，何らかの方法ですでに存在するプログラムを入手する方法です。これには，商用のプログラム製品を購入する，フリーソフトをダウンロードする，あるいは友人や先輩の開発したプログラムを譲り受けるといったものがあります。もう一つは，新規にプログラムを作成するという方法です。この場合にも，高度なライブラリを組み合わせて自分に必要な機能を実装することもあれば，あらかじめ用意されたライブラリを全く用いずにゼロからプログラムを開発することもあります。後者の方法を，特に**スクラッチからの開発**[1]と呼ぶことがあります。これらの関係を，図 15.1 に示します。

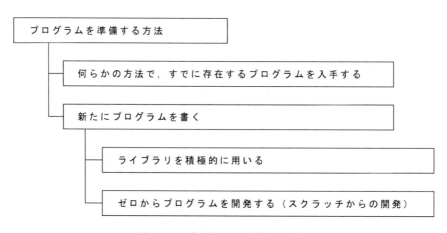

図 15.1　プログラムを準備する方法

15.1.2　プログラミングは最終手段

それでは，プログラムを準備する方法として望ましいのはどの方法でしょうか。当然，状況に

1　ゼロからの開発と言っても，プログラミング言語や基本的なライブラリを利用することは当然の前提である。

よってその答えは変わりますが，一般には図 15.1 の上部に示した方法が望ましい方法であると考えられます。つまり，次のような順番です。

① まず，何らかの方法ですでに存在するプログラムを入手することを考える。
② プログラムがなければ，適切なライブラリを使ってなるべく簡単にプログラムを作成することを考える。
③ どうしてもだめなら，スクラッチからプログラムを開発する。

　プログラム準備にかかる手間を考えると，上記の①から③に向かうほど手間が増えて時間もかかります。手間が増えるとプログラムのミスが発生する可能性が高くなるので，①から③に向かうほど，プログラムの実行結果の信頼性が低くなってしまいます。したがって，スキル向上のための演習など，プログラミング自体が目的である場合を除き，プログラムを道具として使うのであれば，なるべくプログラミングを避けるべきです。
　それでも，プログラミングを避けることのできない場合もあります。例えば，最先端の研究開発において，世界初の方法でデータを処理したい場合には，既存のプログラムは利用できないかもしれません。こうした先端的な研究開発を行う場合には，プログラミングスキルはエンジニアにとって重要な武器となるでしょう。

15.2　プログラム開発の方法

　プログラムのソースコードを書くことをコーディングといいます。しかし，コーディングはソフトウェア開発の一つの段階に過ぎません。ここでは，工業製品としてのソフトウェアシステムの一生と，ソフトウェアの開発モデルについて取り上げます。

15.2.1　ソフトウェア製品のライフサイクル

　一般の工業製品は，製品のアイデアが生まれてから，製品の設計・製造を経て世の中に出て行き，保守管理を受けながらユーザに利用されるというライフサイクルをたどります。同様に，工業製品の一種であるソフトウェア製品も，固有の**ライフサイクル**をたどります。
　一般に，ソフトウェア製品のライフサイクルは表 15.1 に示すような段階を経ます。

表 15.1　ソフトウェア製品のライフサイクル

段階	説明
計画	ソフトウェア製品開発を計画する
要求分析・定義	現状の分析に基づいてどのようなソフトウェア製品が必要とされているかを定義する
設計	製造対象となるソフトウェアを設計する
製造	コーディングとデバッグ
テスト	設計や要求定義と照らしあわせて，不具合がないかどうかチェックする
移行	作成されたソフトウェア製品を実際の現場で使い始める準備をする
運用・保守	ソフトウェアを利用すると共に，修正要求に対応する

　計画段階は，ソフトウェア製品開発を始める段階です。要求分析・定義段階は，現状の分析に基づいてどのようなソフトウェア製品が必要とされているかを定義する段階です。要求分析の結果に基づいて，ソフトウェアの設計が実施されます。設計段階では，プログラム自体の設計に加え，画面設計やデータの設計が行われます。

　製造段階では，設計段階の結果を使って，コーディングとデバッグが行われます。製造されたソフトウェアは，テスト段階において，設計や要求定義と照らし合わせて不具合がないかどうかチェックされます。その上で，移行段階では，作成されたソフトウェア製品を実際の現場で使い始める準備をし，実際に利用を開始します。

　移行後の運用段階でも，ソフトウェアの修正点が発見されることがよくあります。また，ソフトウェア製品に対する要求は，時間とともに変化してくるのが普通です。そこで運用・保守段階では，こうしたソフトウェアに対する修正要求に対応して，ソフトウェアの改変や追加的な開発を行います。

　以上のようにソフトウェア製品の開発は，ライフサイクルの各段階を経て進められます。本書で扱ったコーディングは，その中の一つの段階に過ぎません。

15.2.2　ソフトウェア開発モデル

　ソフトウェアのライフサイクルを実現するためには，ソフトウェア開発を支援する方法論が必要となります。これまでにさまざまな方法論が提案されていますが，これらの方法論の多くは，表 15.2 に示すような開発モデルに基づいています。

表 15.2　ソフトウェアの開発モデル

モデル	説明
ウォーターフォールモデル	ライフサイクルの各段階において，完成された成果物（要求定義書，設計書，プログラムコード等）をつくり上げる。ライフサイクルを一巡することで製品が完成する。
スパイラルモデル	ライフサイクルを一巡することでとりあえず動くソフトウェアを作成しユーザに提示し，ユーザからのフィードバックを得る。その後，さらにライフサイクルを数度巡ることで品質を向上させる。
アジャイルモデル	ある程度実用に耐えるソフトウェアをユーザの協力を得て素早く作成する。その後ライフサイクルを繰り返すことで，必要な機能を拡張する。

　ある程度の規模を有するソフトウェア製品を開発する際には，開発モデルに基づく開発方法論に従って開発が進められます。代表的な開発方法論として，**構造化分析・設計法**，**オブジェクト指向分析・設計法**，**エクストリームプログラミング**などがあります。

第15章のまとめ

・一般論としては，プログラムは使うものであり，新たに作るものではない。
・ツールが使えるなら使い，だめならライブラリを使う。どうしても他の手段がないときだけ，新規にプログラムを作る。
・一般の工業製品と同様に，ソフトウェアにはライフサイクルがある。

・ソフトウェア開発は多くの工程からなる複雑な作業である。

章末問題

問題 1

　学術論文を審査する立場に立った場合，以下の2つの論文のどちらが高い信頼性を有していると考えられるでしょうか。ただし，提示した条件以外はすべて同一条件であったとします。

・論文 A　結果の統計処理に，自分で作成したプログラムを使っており，そのプログラムの信頼性についての言及がない。
・論文 B　結果の統計処理に，広く利用されている統計処理パッケージプログラムを利用している。パッケージ利用の方法についても明示している。

問題 2

　製品開発に必要なプログラムを外注しようとして開発金額の見積を依頼したところ，コーディングの手間から概算した予算額をはるかに超える見積額が返ってきました。なぜでしょうか。

コラム　タイヤの再発明

　ソフトウェアの世界では，「**タイヤの再発明 (reinventing the wheel)**」という言葉がよく使われます。これは，「タイヤのような古くからよく知られた技術を知らなかったばかりに，非常な苦労の挙句に同様の技術をもう一度作るという無駄な作業を行う」ことを意味します。往々にして，再発明された技術は，よく知られた既存の技術より劣っていることがあります。このことを揶揄して，「パンクしたタイヤの再発明」などということもあります。

　プログラムは書かないほうがいい理由の一つは，タイヤの再発明という無駄を省くことにあります。もちろん，パンクしたタイヤを再発明してしまうことは，それ以上に避けるべきことです。

付録：exmini の機械語命令一覧

ニモニック	オペコード	説明
ldi	1	オペランドの値をアキュムレータにロード
lda	2	オペランドで指定した番地の内容をアキュムレータにロード
ldd	3	オペランドで指定した番地の内容を番地として，対象番地の値をアキュムレータにロード
sta	12	オペランドで指定した番地へアキュムレータをストア
std	13	オペランドで指定した番地の内容を番地として，対象番地へアキュムレータの値をストア
ina	21	アキュムレータの内容をインクリメント (オペランドは任意の値)
inc	22	オペランドで指定した番地の内容をインクリメント
dea	31	アキュムレータの内容をデクリメント (オペランドは任意の値)
dec	32	オペランドで指定した番地の内容をデクリメント
cmp	42	オペランドで指定した番地の内容が0ならzフラグをセット
clz	51	z フラグをゼロクリア (オペランドは任意の値)
sez	52	z フラグに1をセット (オペランドは任意の値)
jnz	61	z フラグが0ならオペランドの番地にジャンプ
jez	62	z フラグが1ならオペランドの番地にジャンプ
halt	90	CPU の停止 (オペランドは任意の値)

参考文献

1. コンピュータの歴史について

[1] ジョージ・ダイソン：『チューリングの大聖堂：コンピュータの創造とデジタル世界の到来』，吉田三知世（訳），早川書房，2013.
電子式コンピュータの黎明期を綴る歴史書。

[2] ポール E. セルージ：『モダン・コンピューティングの歴史』，宇田 理・高橋清美（監訳），未来社，2008.
20 世紀における商用コンピュータの発展の経緯を述べた書籍。

[3] 能澤 徹：『コンピュータの発明　エンジニアリングの軌跡』，テクノレヴュー社，2003.
ABC，ENIAC，EDSAC などについて詳しく解説した書籍。

2. コンピュータの構成と動作について

[1] 所 真理雄：『計算機システム入門』，岩波講座ソフトウェア科学，岩波書店，1988.
シングルプロセッサ構成の古典的な計算機を，主としてソフトウェアの観点から理解するための教科書。

[2] デイビッド・A・パターソン，ジョン・L・ヘネシー：『コンピュータの構成と設計（第 4 版）』，成田光彰（訳），日経 BP 社，2011.
マルチコア・マルチプロセッサシステムを含めた，現代的な計算機の構成方法に関する専門的な教科書。

[3] 小高知宏：『計算機システム』，森北出版，1999.
計算機システムに関する平易な教科書。

3. Python について

この分野では，非常に多くの種類の書籍が出版されているとともに，参考になる Web サイトも多数存在する。インターネットの検索サイトで，

　　Python　入門

といったキーワードを入力すると，多数の情報を手に入れることができる。

4. さまざまな言語について

[1] B.W. カーニハン，D.M. リッチー：『プログラミング言語 C』，石田晴久（訳），共立出版，1989.
C 言語の代表的参考文献。

[2] アンク：『C ＋＋の絵本』，翔泳社，2005.
C ＋＋の解説書。

[3] https://www.oracle.com/technetwork/jp/java/index.html
Java 言語に関する公式情報源。

[4] David Flanagan：『JavaScript 第 6 版』，村上 列（訳），オライリージャパン，2012.
Javascript に関する詳細な技術書。

[5] Paul Graham：『On Lisp』，野田 開（訳），オーム社，2007.
Paul Graham による Lisp の解説書。

[6] John V. Guttag：『Python 言語によるプログラミングイントロダクション』，久保幹雄（監訳），近代科学社，2014.
MIT で開講されている，Python 言語を題材とした工学系基礎教育としてのプログラミング教育コースで用いられる教科書。

章末問題の略解

第1章
問題1

　ノイマン型以外のコンピュータは，非ノイマン型コンピュータと呼ばれています。例えばデータフローコンピュータやニューロコンピュータ，量子コンピュータなどは非ノイマン型に分類されます。

問題2

　PCで利用される代表的なCPUには，インテル社やAMD社のCPUがあります。スマートフォンなどでは，ARMホールディングズ社のライセンスするCPUが広く用いられています。より小型の組み込み系システムでは，ARM社のものの他，ミップス・テクノロジーズ社やルネサスエレクトロニクス社の製品などが使われています。

第2章
問題1

　もしデータがたまたま機械語命令の数値と同じ値であれば，そのデータは対応する機械語命令として実行されます。機械語命令として定義されていない値であれば，何が起こるかは未定義です。プログラムが終了するかもしれませんし，CPUが暴走状態となるかもしれません。

問題2

```
32   3   32   3   90   0
```

問題3

```
51   0  32  0  42  0  62  20   32  0  90  0
```

第3章
問題1

　減算は，デクリメント命令を組み合わせることで実現できます。乗算は加算の繰り返しで実現可能です。

問題2

　プログラムのバグで終了条件が満たされない場合には，プログラム以外の方法でプログラムの実行を停止させなければなりません。具体的には，CPUにリセット信号を与えたり，コンピュータの電源を切らなければならないでしょう。

第 4 章
問題 1
　ニモニックが使えることの他，飛び先番地やメモリのデータ領域の番地を記号で指定できることなどの特徴があります。

問題 2
　本文に示した C 言語，C++ 言語，Java 言語の他，比較的良く知られたプログラミング言語だけでも数十種類の名前を挙げることができるでしょう。

問題 3
　compiler は編集者を，また interpreter は通訳あるいは解説者を意味します。

第 5 章
問題 1
　Python の実行環境は，以下の Web サイトからダウンロード可能です。
　https://www.python.org/downloads/

問題 2

```
print("Hello,world!")
print("Thank you!")
```

問題 3

```
print("30*2+52/3=", 30*2+52/3)
```

問題 4

```
a = int(input())
b = int(input())
print(a * b)
```

第 6 章
問題 1

```
# -*- coding: utf-8 -*-
"""
if2.pyプログラム
"""
```

```
data = int(input())     # 整数値を読み込む
if data < 0:            # もし読み込んだ値が負なら
    print("Minus!")     # Minus!と出力
else:                   # そうでなければ
    print("Not Minus!") # Not Minus!と出力
```

問題2

```
# -*- coding: utf-8 -*-
"""
print10000.pyプログラム
1から10000までの10000個の整数を出力します
"""

for i in range(1, 10001):   # 1から10001未満まで繰り返す
    print(i)                # iの値を出力
```

第7章

問題1

最後に出力される行は次の通りです。

```
 f( 315 )= 99543
```

問題2

series1.py プログラムの，以下の1行を変更します。

```
    sum = sum + n           # sumの値にnを加える
--->  sum = sum + n * n     # sumの値にn * nを加える
```

問題3

printtri.py プログラムの，以下の1行を変更します。

```
    for j in range(i): # 星をi個出力
--->   for j in range(i * 2): # 星をi*2個出力
```

第8章

問題1

縦方向に小数点の位置が揃った，右揃えの出力となります。

```
     n      n*n    n*n*n
     1        1        1
     2        4        8
     3        9       27
     4       16       64
            ・・・
    98     9604   941192
    99     9801   970299
   100    10000  1000000

 sum
    5050   338350 25502500
```

問題の print 関数呼び出しにある「format」という記述は，書式を整えるための指示です。また，「{:7d}」という記述は，7桁分の出力幅に右揃えで整数値を出力させるための記述です。

問題2

　以下にプログラム例を示します。

```
# -*- coding: utf-8 -*-
"""
pi.pyプログラム
ライプニッツの公式による円周率の計算
"""
# 変数の初期化
qpi = 0.0        # π/4の近似値
s = 1            # 各項の符号を計算するための変数

#  各項の和を求める
for i in range(1, 100000, 2):
    qpi = qpi + 1.0 / i * s      # 数列の和
    print(i, qpi * 4)
    s = s * (-1)
```

上記プログラムの最終出力行は次のとおりです。

```
99999 3.1415726535897814
```

このようにこの級数は極めて収束が悪いので，約10万回の繰り返し計算でも5桁程度の精度しか得ることができません。

第9章

問題1

　関数の計算を直接メイン実行部に書き込むと，どこで関数の計算を行っているのかが良く分からなくなってしまいます。また，同じ処理がソースコード上の異なる場所に繰り返し出現することになります。結果として，fx 関数を別の関数に書き換えようとする場合などに，書き換えの

ための手間が増えるだけでなく，書き換え作業を間違えやすくなります。

問題2

実行結果は次の通りです。

```
0.6931471811849443
```

第10章

問題1

例えば各要素の2乗を求める計算処理を繰り返しを用いて記述すると，次のようになります。

```
# 計算
for i in range(3):
    vector[i] = vector[i] * vector[i]
```

問題2

vector3.py プログラムを以下に示します。

```
# -*- coding: utf-8 -*-
"""
vector3.pyプログラム
各要素の2乗和
"""
# メイン実行部
# 変数の初期化
vector = [3,1,4,1,5,9,2,6,5,3]   # 10要素のリスト

# 2乗和の計算
sum2 = 0 # 2乗和
for i in range(10):
    sum2 = sum2 + vector[i] * vector[i]
    # 値の出力
print(sum2)
```

第11章

問題1

次のようなエラーが発生します。

```
Traceback (most recent call last):
  File "stat.py", line 24, in <module>
    average = sum / n
ZeroDivisionError: float division by zero
```

問題2

gauss.py プログラムについて，変数定義を以下のように変更します。

```
# 拡大係数行列
a = [[3,2,4,18.5],[2,3,6,26.5],[1,3,2,12]]
# 未知変数
x = [0, 0, 0]
# 連立方程式の未知変数の個数N
N = 3
```

変更後のプログラムを実行すると，次のような出力を得ます。

```
[0.5, 1.4999999999999982, 3.500000000000001]
```

第12章
問題1
　省略

問題2

```
# -*- coding: utf-8 -*-
"""
dice.pyプログラム
1から6までの値1000個を出力
"""
# モジュールのインポート
import random

# メイン実行部
for i in range(1000):# 1000回の繰り返し
    print(random.randint(1, 6), end = "")
```

第13章
問題1
　さまざまな用途に応じて言語が開発され，技術の発展により新たな機能が追加されて多種多様な言語が出来上がります。また，技術的な理由以外（経済的理由等）から新たな言語が設計されることもあります。

問題2
　省略

第14章

問題1

　省略

問題2

　例えば，第12章の問題12.1に対応するプログラムは以下のようになります。

(1) ソースコード

```
for(i=1;i<=10;++i)
print sqrt(i),"¥t",l(i),"¥n"
```

(2) 実行結果

```
1         0
1.41421356237309504880    .69314718055994530941
1.73205080756887729352    1.09861228866810969139
2.00000000000000000000    1.38629436111989061883
2.23606797749978969640    1.60943791243410037460
2.44948974278317809819    1.79175946922805500081
2.64575131106459059050    1.94591014905531330510
2.82842712474619009760    2.07944154167983592825
3.00000000000000000000    2.19722457733621938279
3.16227766016837933199    2.30258509299404568401
```

図　第12章の問題12.1に対応する bc のプログラム

問題3

　問題に記載された3行の文字列を，適当なファイル名（例えば matrix.m など）をつけてファイルにします。その上で，以下のようにしてプログラムとして実行します。

```
$ cat matrix.m
A=[1 2;3 4;]
B=[5;11]
A¥B
$ octave matrix.m
GNU Octave, version 3.8.1
Copyright (C) 2014 John W. Eaton and others.
This is free software; see the source code for copying conditions.
```

```
There is ABSOLUTELY NO WARRANTY; not even for MERCHANTABILITY or
FITNESS FOR A PARTICULAR PURPOSE.  For details, type 'warranty'.

Octave was configured for "x86_64-pc-linux-gnu".

Additional information about Octave is available at http://www.octave.org.

Please contribute if you find this software useful.
For more information, visit http://www.octave.org/get-involved.html

Read http://www.octave.org/bugs.html to learn how to submit bug reports.
For information about changes from previous versions, type 'news'.

A =

   1   2
   3   4

B =

    5
   11

ans =

   1
   2

$
```

第15章

問題1

一般論としては，論文Bの方が信頼性が高いと判断されるでしょう。

問題2

コーディングは，ソフトウェア開発工程全体の一部に過ぎないことに注意してください。

索引

著者紹介

小高 知宏 （おだか ともひろ）

1990年　早稲田大学大学院 理工学研究科博士後期課程電気工学専攻修了（工学博士）
同　年　九州大学医学部助手（医療情報部）
1993年　福井大学工学部助教授
2004年　福井大学大学院工学研究科教授（現在に至る）

主な著書
『C言語で学ぶ コンピュータ科学とプログラミング』，『コンピュータ科学とプログラミング入門』，『基本情報技術者に向けての情報処理の基礎と演習 ハードウェア編，ソフトウェア編』，『人工知能システムの構成（共著）』（以上，近代科学社）
『TCP/IPで学ぶネットワークシステム』，『計算機システム』，『これならできる! Cプログラミング入門』（以上，森北出版）
『人工知能入門』（共立出版）
『基礎から学ぶ 人工知能の教科書』，『PythonによるTCP/IPソケットプログラミング』，『機械学習と深層学習 Pythonによるシミュレーション』，『Pythonによる数値計算とシミュレーション』，『機械学習と深層学習 —C言語によるシミュレーション—』，『強化学習と深層学習 C言語によるシミュレーション』，『自然言語処理と深層学習 C言語によるシミュレーション』，『Cによる数値計算とシミュレーション』，『Cによるソフトウェア開発の基礎』，『情報通信ネットワーク』（以上，オーム社）

◎本書スタッフ
マネージャー：大塚 浩昭
編集長：石井 沙知
図表製作協力：菊池 周二
組版協力：上ヶ市 実央
表紙デザイン：tplot.inc 中沢 岳志
技術開発・システム支援：インプレスR&D NextPublishingセンター

●本書の内容についてのお問い合わせ先
近代科学社Digital　メール窓口
kdd-info@kindaikagaku.co.jp
件名に「『本書名』問い合わせ係」と明記してお送りください。
電話やFAX、郵便でのご質問にはお答えできません。返信までには、しばらくお時間をいただく場合があります。なお、本書の範囲を超えるご質問にはお答えしかねますので、あらかじめご了承ください。

Python版 コンピュータ科学とプログラミング入門
プログラミング入門
コンピュータとアルゴリズムの基礎

2021年2月26日　初版発行Ver.1.0

著　者　小高 知宏
発行人　井芹 昌信
発　行　近代科学社Digital
販　売　株式会社近代科学社
　　　　〒162-0843
　　　　東京都新宿区市谷田町2-7-15
　　　　https://www.kindaikagaku.co.jp

印刷・製本　京葉流通倉庫株式会社
Printed in Japan

ISBN978-4-7649-6017-6

近代科学社 Digital は、株式会社近代科学社が推進する21世紀型の理工系出版レーベルです。デジタルパワーを積極活用することで、オンデマンド型のスピーディで持続可能な出版モデルを提案します。

近代科学社 Digital は株式会社インプレスR&Dのデジタルファースト出版プラットフォーム "NextPublishing" との協業で実現しています。